D. Mancini ~ T. Marani

il congiuntivo
grammatica ~ esercizi ~ curiosità

A Roberto Tartaglione, storico direttore di *Scudit* e caro amico, vanno i nostri più sentiti ringraziamenti per averci prima incoraggiati a scrivere questo libro e poi aiutati nella stesura. Ma, soprattutto, per averci regalato, tra una lezione, una sigaretta e un boccale di birra, tante fondamentali chiacchierate in cui, tra l'altro, ci ha insegnato che la grammatica è una cosa viva, bellissima, e – ci credereste? – proprio divertente.

direzione editoriale: Massimo Naddeo
redazione: Carlo Guastalla, Chiara Sandri
copertina: Lucia Cesarone
progetto grafico e impaginazione: Andrea Caponecchia
illustrazioni: Simone Torri

© 2015 ALMA Edizioni
Printed in Italy
ISBN 978-88-6182-372-3

ALMA Edizioni
via Bonifacio Lupi 7
50129 Firenze
info@almaedizioni.it
www.almaedizioni.it

Tutti i diritti di traduzione, di memorizzazione elettronica, di riproduzione e di adattamento totale o parziale, con qualsiasi mezzo (compresi i microfilm, le riproduzioni digitali e le copie fotostatiche), sono riservati in tutti i Paesi. L'editore è a disposizione degli aventi diritto per eventuali mancanze o inesattezze.

Presentazione

Innanzitutto, un'ammissione: l'idea di scrivere questo libro non è stata nostra. Ci è stata suggerita dai tantissimi nostri studenti che, immancabilmente, quando si iniziava ad affrontare il tema del congiuntivo ci chiedevano un consiglio su un testo su cui esercitarsi o su cui approfondire quel che stavano imparando. Anche la struttura del libro ci è stata consigliata dai nostri studenti. Un testo chiaro e di facile consultazione, ma che non semplificasse troppo una realtà linguistica complessa. Un libro così non c'era e allora… abbiamo deciso di scriverlo noi!

Il nostro libro può essere studiato sistematicamente, ma si presta anche ad essere consultato per approfondire singoli temi e aspetti o anche solo per risolvere un dubbio: è quindi rivolto sia a chi abbia appena iniziato ad affrontare lo studio del congiuntivo italiano, sia a chi voglia analizzarne più in dettaglio certi aspetti o esercitarsi su alcuni suoi usi specifici. È rivolto agli studenti di italiano come lingua straniera di livello medio-avanzato (B1-C2), ma anche ai madrelingua italiani che vogliano risolvere un'incertezza o togliersi qualche dubbio.

Qualche parola su cosa questo libro *non* è. *Non* è, innanzitutto, un libro che abbia pretese di esaustività. Fornisce un quadro generale di come viene usato il congiuntivo nell'Italia di oggi, e *non* è, quindi, una grammatica storica. All'inizio del XXI secolo il congiuntivo italiano, come autorevoli studi e studiosi hanno mostrato, non è affatto morto ma è vivo e vegeto. Il nostro libro vuole essere uno strumento attendibile e utile ma *non* è, e *non* vuole essere, un testo scientifico. Non ci sono, quindi, note a piè di pagina, né una bibliografia finale, però vogliamo dichiarare i nostri debiti, almeno quelli più evidenti, verso i testi che abbiamo più spesso usato e consultato:
la *Grande grammatica italiana di consultazione,* di Lorenzo Renzi e Giampaolo Salvi;
la *Grammatica italiana,* di Maurizio Dardano e Piero Trifone;
Italiano, di Luca Serianni e Alberto Castelvecchi;
la *Nuova grammatica italiana,* di Laura Vanelli e Giampaolo Salvi;
Grammatica e comunicazione, di Angelo e Gaia Chichiù;
la *Grammatica di riferimento della lingua italiana per stranieri,* di Giuseppe Patota;
la *Grammatica avanzata della lingua italiana,* di Roberto Tartaglione e Susanna Nocchi.

Introduzione, di Roberto Tartaglione

Buongiorno. Io sono il Congiuntivo.

Avete tanto parlato di me che mi fischiavano i tempi composti.
Capisco: non c'è argomento che attizzi l'italico amor patrio quanto il mio uso e il mio disuso: ho visto di tutto in questi giorni sulla mailing-list, dal bieco campanilismo (che ne sanno i non-toscani?), al luogo comune più becero (difendiamolo 'sto povero congiuntivo!), dal professorame rosso-blu (*credo che sia* è giusto *credo che è* invece è sbagliato: e chi non è d'accordo è un bastardo), al purismo più virgineo (chi parla bene usa congiuntivi a chili e a quintali!). Per non parlare della vergogna di chi mi sbaglia (vorrei che venga!) e poi dell'orgasmo multiplo di chi mi corregge, autogodendosi.

Vi ringrazio tutti per tanto interesse, ma vi confesso che sono un po' deluso: tutti a parlare di me e nessuno che cerchi di dire chi sono. Mi trattate come un oggetto! Invece io ho un'anima, sono vivo, vivissimo, e soffro nel vedere che di me in fondo non gliene importa niente a nessuno. Nessuno, ma proprio nessuno si chiede mai chi sono, perché esisto, da dove vengo e dove sto andando.
Non posso proprio accettarlo ed è per questo che ho deciso di intervenire in prima persona e di parlare un po' di me.

Tanti anni fa ero giovane, molto indipendente, pieno di energia (e decisamente a modo): quante cose riuscivo a fare, tutto da solo! Si parlava latino a quei tempi e io davo ordini, esprimevo desideri, manifestavo opinioni, elargivo concessioni, mi sbizzarrivo, come tutti i giovani, in fantasie e sogni più o meno realizzabili. Bei tempi!

Oggi sono un po' invecchiato (e mi sorprende parecchio che parliate di me ancora come del giovanotto di un tempo: ma non parlate italiano voi? E come vi viene in mente di dire che io esprimo – che so – un'opinione? Ma quando mai? Una volta forse, quand'ero nel pieno della mia virilità...).

Il fatto è che alla mia età, da solo, non me la cavo più tanto bene e – diciamocelo – tiro un po' al risparmio di energie. Oh, un momento: su molti piani sono ancora piuttosto indipendente (fossi matto! Che vi prenda un colpo!). Ma con la pigrizia dell'età per esprimere un'opinione mi sono andato a cercare un verbo di opinione, per esprimere una volontà mi son cercato un verbo di volontà... insomma lo ammetto, ci sono tante situazioni in cui se non c'è qualcuno che mi regge finisce che casco!

È per questo che mentre prima facevo un sacco di cose oggi, da vecchio saggio che sono, preferisco starmene buono buono a fare il marcatore di subordinazione.

Intendiamoci: subordinato sì, ma fiero del mio ruolo e pieno di dignità. Mi spiego: se mi regge il verbo *pensare* non è che io mi presti subito a marcare una subordinazione. Eh no, figlioli: mi concedo con parsimonia, io, e solo se servo.
C'è gente che dice *penso che oggi è sabato*. Ma va benone! Quelli intendono dire solo *oggi è sabato* e attenuano un po' la loro decisione con quel verbo *pensare* che in realtà non significa che stanno pensando qualcosa: significa un banalissimo *fino a prova contraria*. E io non mi spreco per questi casi qui.
Io mi concedo se uno dice *penso che sia giusto fare questo* e mi concedo solo se quello lì sta davvero pensando. Insomma, io marco una subordinata solo se vale la pena di relazionarmi al verbo reggente! Non ho mica tempi da perdere io!

Certo qualche volta mi tocca lavorare anche quando magari non vorrei. Ci sono per esempio quelli che introducono la secondaria senza il *che*: eh, in quei casi non ci sono santi, devo intervenire per forza io a marcare la subordinata: *penso sia sabato* (e qui nessuno usa l'indicativo perché non si capirebbe più niente).
Allo stesso modo fanno quelli che cominciano la frase con la secondaria: *che sia opportuno lo affermo con tutte le mie forze!*. Anche qui mi usano in parecchi perché altrimenti c'è il rischio di non capire bene che quella frase lì è subordinata (mentre quando la costruzione della frase mi aiuta non sto certo a intervenire io: *affermo con tutte le mie forze che è opportuno*).

Ma non guardatemi sempre con quella faccia sempre pronta al de profundis! Di cartucce da sparare ne ho ancora parecchie. Alla faccia di chi mi dà per spacciato io sono in perfetta forma, tant'è che non è vero che mi usano solo quelli che parlano bene, ma un po' per tutti. E perfino in dialetto.
Tanto pe' canta' – diceva Petrolini – *perché ner petto me ce naschi un fiore!*. E cos'è quel *naschi*? Ma sono io, certo! Dopo un *perché* finale se ci metti quel debosciato dell'indicativo cambi tutto il senso della frase no? Pensaci bene: se preghi perché Silvio sta male, significa che ti preoccupi per lui. Ma se preghi perché Silvio stia male...

E mica solo con il *perché* funziono così: se penso *Silvio magari un giorno si ammala* metto in conto una eventualità, ma se penso *Silvio magari un giorno si ammalasse*...

Insomma ho la mia età, sono diverso da un tempo, ma (sia ringraziato il cielo) ho ancora un bel ruolo da giocare, ora e in futuro (lo volesse la Madonna!); ma vi prego, non difendetemi più (foste un tantinello sadici?). Sto bene come sto (sia chiaro!) E mi difendo da me (fosse l'ultima cosa che faccio!).

Il Congiuntivo
da *www.scudit.net*

Personaggi

I personaggi che animano esempi ed esercizi di questo libro sembrano proprio i colleghi di lavoro degli autori alla *Scudit, Scuola d'Italiano Roma*. Ma, come si dice in questi casi, ogni riferimento a persone realmente esistenti è casuale... o quasi.

Profilo info
ADRIANO

Nonostante **abbia** un nome molto romano è in realtà un italo-americano, affermato scrittore di romanzi che firma con il misterioso pseudonimo "Devor" (c'è chi sospetta **si tratti** di una lozione per capelli).

Profilo info
ALESSANDRA

Appassionata studentessa di psicologia, sta facendo uno stage come "consulente matrimoniale" volontaria. Si dice non **sia** del tutto estranea al consistente aumento di divorzi in Italia.

Profilo info
ARIANNA

Don Chisciotte dei giorni nostri, è sempre pronta a combattere contro le ingiustizie del mondo. Litiga con tutti e sembra un po' aggressiva, ma in realtà è gentile e cortese: i suoi amici, se ne **avesse**, potrebbero confermarlo.

Profilo info
DANIELA

È nata a Frascati, la patria del buon vino laziale: è naturale che l'aria di questa città, intrisa di vapori etilici, **abbia influito** sul suo carattere frizzante, abboccato, amabile, brioso, erbaceo, franco, generoso, pungente, schietto e selvatico.

GIULIA

Ineguagliabile professoressa di storia dell'arte: se non sapete che cosa **avesse** da ridere Monna Lisa, perché Michelangelo non **abbia finito** di scolpire la Pietà Rondanini o a che ora **ci fosse** l'ultimo spettacolo serale al Colosseo domandatelo a lei: lei lo sa.

HELENA

Dicono che nelle sue vene **scorra** sangue ungherese: ma è nata vicino a Stoccolma e vive a Roma da una vita. Dalle tre culture ha preso le sue caratteristiche personali: fantasia svedese, buonsenso ungherese, organizzazione italiana.

MATILDE

Viene apprezzata moltissimo per il suo garbo, la sua cortesia e la sua educazione. Il fatto che **chieda** "permesso" non solo quando entra in una casa, ma anche quando esce mette però talvolta in imbarazzo i suoi amici e colleghi.

ROBERTO

È persona amata da tutti per la sua profonda onestà. Tuttavia nel 1992 è stato condannato per tentata rapina perché, durante un lungo sciopero dei tabaccai, pare che una notte **abbia cercato** di scassinare la saracinesca di una tabaccheria.

SONIA

Persona amabile e socievole, ma così insicura che se vede due persone in silenzio sospetta subito che le **vogliano** nascondere qualcosa. Esperta in storia del cinema, non sopporta i film di Sergio Leone a causa dei lunghi silenzi che la inquietano.

TOMMASO

Insigne glottologo, filologo e grande romanista, vive da molti anni in Germania dove sta completando il suo trattato in dodici volumi su quale parola italiana **traduca** correttamente il termine tedesco "schunkeln".

Indice

Che cos'è il congiuntivo?
I tempi e le forme del congiuntivo .... p. 9

1 La concordanza dei tempi .... p. 18
2 Verbi di volontà, dubbio, sentimento .... p. 30
3 Espressioni impersonali .... p. 46
4 Verbi di opinione .... p. 56
5 Frasi interrogative indirette .... p. 66
Iniziamo a ripassare… .... p. 78
6 Frasi finali e concessive .... p. 83
7 Frasi relative .... p. 98
8 Altre frasi con il congiuntivo .... p. 108
9 Il periodo ipotetico .... p. 118
10 Il congiuntivo indipendente .... p. 132
E per finire… .... p. 140

Appendice .... p. 146
Soluzioni .... p. 150
Indice analitico .... p. 156

Che cos'è il congiuntivo?

Il **congiuntivo** è un modo verbale. Insieme all'indicativo, al condizionale e all'imperativo forma i modi cosiddetti "finiti".
Il modo verbale indica l'atteggiamento del parlante verso il contenuto della propria enunciazione, definendo il tipo di comunicazione che si vuole stabilire con l'interlocutore.

In generale:

- se si usa l'**indicativo**, chi parla presenta, in linea di massima, un fatto nella sua realtà

  *Tu **vai** in ufficio in autobus.*

- il **condizionale** implica l'idea che il contenuto della frase dipenda da una qualche condizione, reale, presunta o immaginaria

  *Tu **andresti** in ufficio in autobus, ma purtroppo non c'è un servizio regolare.*

- l'**imperativo** indica la volontà di chi parla di agire sul destinatario con un comando, un consiglio, una preghiera o una richiesta

  *La macchina non parte? **Vai** in ufficio in autobus!*

- con il **congiuntivo** chi parla esprime un certo distacco dalla realtà o dall'obiettività di quello che afferma, sottolineando che il contenuto della propria affermazione è possibile, sperato, temuto, desiderato, ecc.

  *La città è troppo inquinata, spero (che) tu **vada** in ufficio in autobus!*

In alcuni casi l'uso del congiuntivo è **facoltativo** e si alterna con l'indicativo, denotando uno **stile** più **elevato** ed **elegante**; in altri casi è **obbligatorio**.
Il **congiuntivo** è usato quasi esclusivamente in **frasi secondarie** (vedi il capitolo 10 per l'uso del congiuntivo in frasi indipendenti).

Si usa il congiuntivo:

- con **i verbi di volontà, aspettativa, dubbio, sentimento** e **controllo** (capitolo 2)	*Voglio che mettiate in ordine la vostra stanza entro stasera.*
- con molte **espressioni impersonali** (capitolo 3)	*È **impossibile** che Arianna non **mangi** carne da vent'anni, forse lo fa di nascosto!*
- con i **verbi di opinione** (capitolo 4)	*Alessandra **pensa** che la scuola **abbia** bisogno di insegnanti giovani e motivati.*
- con le **frasi interrogative indirette** (capitolo 5)	***Mi domando** spesso perché Tommaso **abbia studiato** linguistica e non matematica.*
- con le **frasi finali** e **concessive** (capitolo 6)	***Sebbene sia** uno scrittore del passato, Roberto consiglia spesso ai suoi studenti di leggere Pasolini, **affinché capiscano** meglio l'Italia di oggi.*
- con le **frasi relative** (capitolo 7)	*Helena cerca un'assistente **che parli** perfettamente l'inglese e il francese.*
- con le **frasi esclusive, eccettuative, temporali, comparative, limitative** e **consecutive** (capitolo 8)	*Non capirai mai bene come funziona il congiuntivo, **a meno che** tu non **legga** questo libro.*
- nel **periodo ipotetico** (capitolo 9)	*Se Daniela **avesse** più tempo, tornerebbe a recitare in teatro.*

Che cos'è il congiuntivo?

Non si usa il congiuntivo

ma, secondo la concordanza dei tempi, l'**indicativo** o il **condizionale** in una **frase secondaria**:

- dopo i **verbi di dichiarazione**, come *dire, dichiarare, affermare, raccontare, scrivere*.	*Tommaso **dice** che hanno scoperto una lozione miracolosa contro la caduta dei capelli.*
- dopo i **verbi di percezione**, come *accorgersi, rendersi conto, notare, sentire, vedere*	***Ho sentito** che la nuova sede della scuola **è** molto più grande.*
- dopo *sapere che*	***So che** Enrico si tinge i capelli.*
- dopo *è vero che*	***È vero** che la terra **gira** intorno al sole e non viceversa.*
- dopo espressioni che esprimono una **certezza senza riserve** come *è certo / chiaro / evidente / sicuro / fuor di dubbio / inconfutabile / incontestabile / indiscutibile / indubbio / innegabile / noto / ovvio / sicuro*	***È certo** che il semestre invernale è già cominciato nelle università tedesche.*

È possibile usare sia l'indicativo sia il **congiuntivo**:

- in dipendenza da una **negazione**	*Roberto **non ha mai detto** che studiare la grammatica **è / sia** inutile.*
- in una **domanda diretta**, ma **non** dopo un verbo di **percezione** (come *vedere*, *sentire* e *accorgersi*)	*Affermi ancora che **è / sia stata** una buona idea?* *Hai visto che Daniela ~~si sia tagliata~~ si è tagliata i capelli?*
- se la frase secondaria è collocata **prima della frase principale**	*Che l'italiano **sia / è** una lingua bellissima, Daniela lo **dice** sempre all'inizio dei suoi corsi.*
- in dipendenza da *non sapere che* al **passato** (al presente regge solo l'indicativo)	*Roberto **non sapeva che** un'auto nuova **costasse / costava** tanto.* *Daniela **non sa che** Enrico ~~abbia~~ / **ha** una collezione di soldatini.*
- in dipendenza da *sapere*, al presente e al passato, nella sua forma affermativa o negativa, se regge una **frase interrogativa indiretta**	*Mia nonna **(non) sapeva** come **funzionava / funzionasse** internet.*
- dopo espressioni che esprimono una **certezza senza riserve** come *è certo / chiaro / evidente / sicuro / fuor di dubbio / inconfutabile / incontestabile / indiscutibile / indubbio / innegabile / noto / ovvio / sicuro* si usa il **congiuntivo** se si vuole sottolineare che quanto si afferma **non è verificato** o è il frutto di un'**opinione**	*È chiaro che una soluzione **si possa** trovare, ma non so ancora bene come.*

Che cos'è il congiuntivo?

I tempi e le forme

I tempi del congiuntivo sono quattro, due tempi semplici (il congiuntivo **presente** e **imperfetto**), e due tempi composti (il congiuntivo **passato** e **trapassato**).

Il congiuntivo presente
Verbi regolari

soggetto	-are AMARE	-ere PRENDERE	-ire DORMIRE
io	*am* -**i**	*prend* -**a**	*dorm* -**a**
tu	*am* -**i**	*prend* -**a**	*dorm* -**a**
lui/lei/Lei	*am* -**i**	*prend* -**a**	*dorm* -**a**
noi	*am* -**iamo**	*prend* -**iamo**	*dorm* -**iamo**
voi	*am* -**iate**	*prend* -**iate**	*dorm* -**iate**
loro	*am* -**ino**	*prend* -**ano**	*dorm* -**ano**

Verbi irregolari

ESSERE	AVERE	POTERE	DOVERE	VOLERE
sia	abbia	possa	debba/deva	voglia
sia	abbia	possa	debba/deva	voglia
sia	abbia	possa	debba/deva	voglia
siamo	abbiamo	possiamo	dobbiamo	vogliamo
siate	abbiate	possiate	dobbiate	vogliate
siano	abbiano	possano	debbano/devano	vogliano

ANDARE	APPARIRE	BERE	COGLIERE	CUOCERE
vada	appaia	beva	colga	cuocia
vada	appaia	beva	colga	cuocia
vada	appaia	beva	colga	cuocia
andiamo	appariamo	beviamo	cogliamo	cuociamo
andiate	appariate	beviate	cogliate	cuociate
vadano	appaiano	bevano	colgano	cuociano

DARE	DIRE	DOLERE	FARE	GIACERE
dia	dica	dolga	faccia	giaccia
dia	dica	dolga	faccia	giaccia
dia	dica	dolga	faccia	giaccia
diamo	diciamo	doliamo	facciamo	giacciamo
diate	diciate	doliate	facciate	giacciate
diano	dicano	dolgano	facciano	giacciano

MORIRE	NUOCERE	PARERE	PIACERE	RIMANERE
muoia	nuoccia	paia	piaccia	rimanga
muoia	nuoccia	paia	piaccia	rimanga
muoia	nuoccia	paia	piaccia	rimanga
moriamo	nuociamo	paiamo	piacciamo	rimaniamo
moriate	nuociate	paiate	piacciate	rimaniate
muoiano	nuocciano	paiano	piacciano	rimangano

SALIRE	SAPERE	SCEGLIERE	SCIOGLIERE	SEDERE
salga	sappia	scelga	sciolga	sieda/segga
salga	sappia	scelga	sciolga	sieda/segga
salga	sappia	scelga	sciolga	sieda/segga
saliamo	sappiamo	scegliamo	sciogliamo	sediamo
saliate	sappiate	scegliate	sciogliate	sediate
salgano	sappiano	scelgano	sciolgano	siedano/seggano

SPEGNERE	STARE	TACERE	TENERE	TOGLIERE
spenga	stia	taccia	tenga	tolga
spenga	stia	taccia	tenga	tolga
spenga	stia	taccia	tenga	tolga
spegniamo	stiamo	tacciamo	teniamo	togliamo
spegniate	stiate	tacciate	teniate	togliate
spengano	stiano	tacciano	tengano	tolgano

UDIRE	USCIRE	VALERE	VENIRE
oda	esca	valga	venga
oda	esca	valga	venga
oda	esca	valga	venga
udiamo	usciamo	valiamo	veniamo
udiate	usciate	valiate	veniate
odano	escano	valgano	vengano

Verbi in -ire con infisso -isc-	Verbi in -durre	Verbi in -trarre	Verbi in -porre
CAPIRE	PRODURRE	CONTRARRE	SUPPORRE
cap-**isca**	*pro*-**duca**	*con*-**tragga**	*sup*-**ponga**
cap-**isca**	*pro*-**duca**	*con*-**tragga**	*sup*-**ponga**
cap-**isca**	*pro*-**duca**	*con*-**tragga**	*sup*-**ponga**
cap-**iamo**	*pro*-**duciamo**	*con*-**traiamo**	*sup*-**poniamo**
cap-**iate**	*pro*-**duciate**	*con*-**traiate**	*sup*-**poniate**
cap-**iscano**	*pro*-**ducano**	*con*-**traggano**	*sup*-**pongano**

Che cos'è il congiuntivo?

Nei **verbi irregolari** le forme del **singolare (io, tu, lui/lei/Lei)** e la **terza persona plurale (loro)** del congiuntivo **presente** hanno lo stesso tema della prima **persona singolare (io)** del presente indicativo.
La **prima persona plurale (noi)** del **congiuntivo presente** è identica alla prima persona plurale dell'**indicativo presente**.
La **seconda persona plurale (voi)** del **congiuntivo presente** ha lo stesso tema della prima persona plurale e della seconda persona plurale dell'**indicativo presente**.

Per esempio, il verbo **USCIRE** si coniuga nel modo seguente:

soggetto	INDICATIVO PRESENTE	CONGIUNTIVO PRESENTE
io	esco	esca
tu	esci	esca
lui/lei/Lei	esce	esca
noi	usciamo	usciamo
voi	uscite	usciate
loro	escono	escano

Il congiuntivo passato

Si forma con il congiuntivo presente dell'ausiliare *avere* o *essere* + il participio passato del verbo.

soggetto	AMARE	CREDERE	DORMIRE
io	abbia amato	abbia creduto	abbia dormito
tu	abbia amato	abbia creduto	abbia dormito
lui/lei/Lei	abbia amato	abbia creduto	abbia dormito
noi	abbiamo amato	abbiamo creduto	abbiamo dormito
voi	abbiate amato	abbiate creduto	abbiate dormito
loro	abbiano amato	abbiano creduto	abbiano dormito

soggetto	ANDARE	CADERE	USCIRE
io	sia andato/-a	sia caduto/-a	sia uscito/-a
tu	sia andato/-a	sia caduto/-a	sia uscito/-a
lui/lei/Lei	sia andato/-a	sia caduto/-a	sia uscito/-a
noi	siamo andati/-e	siamo caduti/-e	siamo usciti/-e
voi	siate andati/-e	siate caduti/-e	siate usciti/-e
loro	siano andati/-e	siano caduti/-e	siano usciti/-e

Il congiuntivo imperfetto
Verbi regolari

soggetto	-are AMARE	-ere PRENDERE	-ire DORMIRE
io	*am*-**assi**	*prend*-**essi**	*dorm*-**issi**
tu	*am*-**assi**	*prend*-**essi**	*dorm*-**issi**
lui/lei/Lei	*am*-**asse**	*prend*-**esse**	*dorm*-**isse**
noi	*am*-**assimo**	*prend*-**essimo**	*dorm*-**issimo**
voi	*am*-**aste**	*prend*-**este**	*dorm*-**iste**
loro	*am*-**assero**	*prend*-**essero**	*dorm*-**issero**

Verbi irregolari

ESSERE	FARE	DIRE	BERE	STARE	DARE
fossi	fa*ce*ssi	di*ce*ssi	be*ve*ssi	st*e*ssi	d*e*ssi
fossi	fa*ce*ssi	di*ce*ssi	be*ve*ssi	st*e*ssi	d*e*ssi
fosse	fa*ce*sse	di*ce*sse	be*ve*sse	st*e*sse	d*e*sse
fossimo	fa*ce*ssimo	di*ce*ssimo	be*ve*ssimo	st*e*ssimo	d*e*ssimo
foste	fa*ce*ste	di*ce*ste	be*ve*ste	st*e*ste	d*e*ste
fossero	fa*ce*ssero	di*ce*ssero	be*ve*ssero	st*e*ssero	d*e*ssero

Verbi in -**ire** con infisso -*isc*- CAPIRE	Verbi in -**durre** PRODURRE	Verbi in -**trarre** CONTRARRE	Verbi in -**porre** SUPPORRE
cap-**issi**	*pro*-**ducessi**	*con*-**traessi**	*sup*-**ponessi**
cap-**issi**	*pro*-**ducessi**	*con*-**traessi**	*sup*-**ponessi**
cap-**isse**	*pro*-**ducesse**	*con*-**traesse**	*sup*-**ponesse**
cap-**issimo**	*pro*-**ducessimo**	*con*-**traessimo**	*sup*-**ponessimo**
cap-**iste**	*pro*-**duceste**	*con*-**traeste**	*sup*-**poneste**
cap-**issero**	*pro*-**ducessero**	*con*-**traessero**	*sup*-**ponessero**

Alcuni verbi irregolari conservano lo stesso tema dell'imperfetto indicativo.
Per esempio:

INFINITO	INDICATIVO IMPERFETTO	CONGIUNTIVO IMPERFETTO
dire	**dic**evo	**dic**essi
fare	**fac**evo	**fac**essi
bere	**bev**evo	**bev**essi

Il congiuntivo trapassato

Si forma con il congiuntivo imperfetto dell'ausiliare *avere* o *essere* + il participio passato del verbo.

soggetto	AMARE	CREDERE	DORMIRE
io	avessi amato	avessi creduto	avessi dormito
tu	avessi amato	avessi creduto	avessi dormito
lui/lei/Lei	avesse amato	avesse creduto	avesse dormito
noi	avessimo amato	avessimo creduto	avessimo dormito
voi	aveste amato	aveste creduto	aveste dormito
loro	avessero amato	avessero creduto	avessero dormito

soggetto	ANDARE	CADERE	USCIRE
io	fossi andato/-a	fossi caduto/-a	fossi uscito/-a
tu	fossi andato/-a	fossi caduto/-a	fossi uscito/-a
lui/lei/Lei	fosse andato/-a	fosse caduto/-a	fosse uscito/-a
noi	fossimo andati/-e	fossimo caduti/-e	fossimo usciti/-e
voi	foste andati/-e	foste caduti/-e	foste usciti/-e
loro	fossero andati/-e	fossero caduti/-e	fossero usciti/-e

1 La concordanza dei tempi

La concordanza dei tempi è l'insieme delle **regole** necessarie per scegliere la **forma verbale della frase secondaria**.
Per scegliere il verbo della frase secondaria dobbiamo considerare **tre elementi**:
- il **tempo** della frase principale
- il **modo** della frase secondaria
- il **rapporto temporale** tra la frase principale e la frase secondaria.

In questo capitolo vengono analizzati i casi più generali, concentrando l'attenzione sulle frasi secondarie in cui si usa il congiuntivo.
La **scelta** dei diversi tempi verbali è sintetizzata nelle **tabelle** seguenti.

frase secondaria senza congiuntivo

	modo	tempo
frase principale	indicativo imperativo condizionale	presente futuro

	modo della frase secondaria	rapporto temporale
	indicativo	
So che... Saprò che... Sappi che... Saprei che...	passato prossimo / imperfetto Giulia **è andata** / **andava** al mare. (ieri)	anteriorità
	presente Giulia **va** al mare. (oggi)	contemporaneità
	presente / futuro Giulia **va** / **andrà** al mare. (domani)	posteriorità

	modo	tempo
frase principale	indicativo condizionale	passato

	modo della frase secondaria		rapporto temporale
	indicativo / condizionale		
Sapevo che... Ho saputo che... Seppi che... Avevo saputo che... Avrei saputo che...	trapassato prossimo Giulia **era andata** al mare. (il giorno prima)		anteriorità
	imperfetto Giulia **andava** al mare. (quel giorno)		contemporaneità
	condizionale composto Giulia **sarebbe andata** al mare. (il giorno dopo)		posteriorità

frase secondaria con il congiuntivo

	modo	tempo
frase principale	indicativo imperativo condizionale	presente futuro

	modo della frase secondaria		rapporto temporale
	indicativo / congiuntivo		
Immagino che... Immaginerò che... Immagina che... Immaginerei che...	congiuntivo passato / congiuntivo imperfetto Giulia **sia andata / andasse** al mare. (ieri)		anteriorità
	congiuntivo presente Giulia **vada** al mare. (oggi)		contemporaneità
	congiuntivo presente / indicativo futuro Giulia **vada / andrà** al mare. (domani)		posteriorità

1. La concordanza dei tempi

frase principale	modo	tempo
	indicativo condizionale	passato

	modo della frase secondaria	rapporto temporale
	congiuntivo / condizionale	
Immaginavo che... Ho immaginato che... Immaginai che... Avevo immaginato che... Avrei immaginato che...	congiuntivo trapassato Giulia **fosse andata** al mare. (il giorno prima)	anteriorità
	congiuntivo imperfetto Giulia **andasse** al mare. (quel giorno)	contemporaneità
	condizionale composto / congiuntivo imperfetto Giulia **sarebbe andata** / **andasse** al mare. (il giorno dopo)	posteriorità

esercizi

1 Cominciamo bene!
Scegli la forma corretta.

1. Tommaso, sei in ritardo! Mi auguro che tu **abbia / abbi** un'ottima scusa!

2. Sonia è andata a Parigi per un corso di francese e pare che ora lo **parli / parla** benissimo.

3. Non c'è dubbio sul fatto che in Italia **si mangiano / si mangino** troppi carboidrati!

4. È assolutamente necessario che voi **scrivete / scriviate** questa mail oggi stesso!

5. Ti sembra normale che Adriano **perdi / perda** sempre tutto?

6. Roberto aspetta solo che io **vai / vada** via!

7. Non è proprio il caso che tu **reagisca / reagisci** in questo modo.

8. Mi meraviglio che i vicini non **sappiano / sappiamo** cosa è successo ieri.

9. Immagino che tu **sia / sii** pronto per l'esame di domani.

10. Ho paura che Helena **ceda / cedi** troppo facilmente alle richieste del suo capo.

11. Sospetto che Matilde non **pulisca / pulisci** mai la cucina dopo aver mangiato!

12. Non vuole assolutamente che i suoi genitori **stiano / stiamo** a casa sua.

13. Temo che anche alle prossime elezioni gli italiani **eleggano / eleggono** la persona sbagliata.

14. Pretendo che voi **mi spieghiate / mi spiegate** subito cosa è successo ieri.

15. Non vediamo l'ora che voi **venite / veniate** a trovarci!

Alma Edizioni ~ **il congiuntivo**

esercizi

2 **Verbi regolari (in -are)**
Completa le frasi con il congiuntivo presente.

1. Il professor De Pascalis esige che i suoi studenti *(imparare)* _____ tutte le sue poesie a memoria.

2. Si dice che il numero 13 *(portare)* _____ fortuna!

3. Penso che attualmente Helena *(abitare)* _____ a Trastevere.

4. Sonia si domanda continuamente se il suo ragazzo la *(amare)* _____ davvero.

5. Nonostante Lisa *(abbronzarsi)* _____ facilmente, usa sempre la crema solare per proteggere la pelle.

6. Roberto sta cercando una nuova segretaria che *(parlare)* _____ perfettamente il tedesco.

7. Qualsiasi cosa la gente *(affermare)* _____, io sarò sempre dalla tua parte.

8. Qualora *(tu-passare)* _____ per Roma, fammelo sapere così ci incontriamo, ok?

9. Daniela, hai fatto una cosa gravissima. Che Dio ti *(perdonare)* _____!

10. Che Alessandra *(insegnare)* _____ molto bene, tutti gli studenti lo sanno.

11. È importante che i bambini *(studiare)* _____ le lingue straniere fin dalla scuola primaria.

12. Temo che Adriano non *(sopportare)* _____ il nuovo collega.

La concordanza dei tempi

3 Verbi regolari (in -ere)
Completa le frasi con il congiuntivo presente.

1. Nessuno si aspetta che tu *(scrivere)* _____ una mail di protesta per il corso.

2. È noto a tutti che quel professore di didattica non *(distinguere)* _____ un congiuntivo da una congiuntivite!

3. Non credi che Helena *(ridere)* _____ anche per le cose più stupide?

4. Roberto ama fare la bella vita! Non so quanto *(lui-spendere)* _____ ogni mese, ma è sicuramente oltre le mie possibilità.

5. Adriano, ti accompagno dal dentista solo a condizione che tu *(mettere)* _____ la benzina alla macchina!

6. Daniela è assurda: è gelosissima ma vuole un uomo che non *(esigere)* _____ la sua fedeltà!

7. Non sono un gran tifoso di calcio. Chiunque *(vincere)* _____ il campionato, per me è lo stesso.

8. Nel caso in cui Arianna mi *(chiedere)* _____ scusa, allora la perdono!

9. Ormai non sono più bambini. Che *(assumersi)* _____ le loro responsabilità!

10. Che Matilde *(prendere)* _____ troppo sul serio tutto quello che fa, è evidente.

11. È strano che Alessandra *(spendere)* _____ tutti quei soldi per pagare la baby-sitter.

12. Credo che i tuoi amici *(leggere)* _____ molto poco. In casa non hanno libri.

esercizi

4 **Verbi regolari (in -*ire*)**
Completa le frasi con il congiuntivo presente.

1. Alessandra non dice la verità alla madre perché ha paura che lei *(sentirsi)* _____ male!

2. Non è che Paola *(soffrire)* _____ di depressione, ma a volte si sente un po' sola.

3. Immagino che Tommaso *(offrire)* _____ da bere a tutti per festeggiare la nascita di suo figlio!

4. Mi chiedo se tu *(capire)* _____ la gravità di ciò che hai fatto.

5. Prima che Giulia *(aprire)* _____ quella finestra, ricordale che è rotta.

6. Non riesco mai a trovare un cappello che *(coprire)* _____ anche le orecchie!

7. Per qualsiasi destinazione tu *(partire)* _____, io vengo con te!

8. Laddove tutti *(capire)* _____ quello che spiego, allora mi riterrò un bravo insegnante.

9. Che questa storia *(finire)* _____ al più presto!

10. Che Adriano *(preferire)* _____ le bionde, non è un segreto per nessuno.

11. È importante che tutti i condomini *(pulire)* _____ gli spazi comuni.

12. A che ora pensi che *(aprire)* _____ l'ufficio postale?

5 Verbi irregolari
Completa le frasi con il congiuntivo presente.

1. Tommasino, esigo che tu *(venire)* _____ immediatamente qui e che mi *(dire)* _____ cosa è successo!

2. Signor Grassi, Lei non è ancora guarito completamente. È meglio che per questa settimana non *(uscire)* _____ di casa.

3. Credo che il periodo storico che stiamo vivendo *(essere)* _____ uno dei peggiori e che *(noi-avere)* _____ una grande responsabilità verso i nostri figli.

4. Non capisco come tu *(potere)* _____ continuare a trattare così male Arianna!

5. Giulia lavora così tanto affinché anche suo figlio un giorno *(andare)* _____ all'università.

6. Non è che Roberto non *(volere)* _____ aiutarti, è che non può!

7. Conosci qualcuno che *(dare)* _____ ripetizioni di inglese e che *(fare)* _____ lezione a domicilio?

8. Facciamo una scommessa: qualora lui la *(sedurre)* _____, ti pago da bere per un anno!

9. Come mai Daniela è così sorridente? Che *(stare)* _____ uscendo con un nuovo uomo?!?

10. Silvio, è arrivato il momento che tu *(sapere)* _____ chi è tua madre!

11. Visto quello che è successo, ritengo che tu mi *(dovere)* _____ delle spiegazioni.

12. Vi ringrazio ma non è necessario che *(restare)* _____ a casa stasera. Mi occupo io dei bambini.

esercizi

6 **Tra presente e passato**
Completa le frasi con il congiuntivo presente o passato.

1. Guarda com'è tardi! Temo proprio che il treno *(partire)* _____ già _____!

2. Vedi quel tipo con gli occhiali e con pochi capelli? Si dice che *(lui-uccidere)* _____ la moglie!

3. Roberto non pensa che io *(essere)* _____ la persona giusta per questo lavoro, ma gli farò cambiare idea!

4. Tommaso e Arianna non si parlano più. Mi domando perché *(loro-litigare)* _____.

5. Vi ho spiegato mille volte l'uso del congiuntivo: questa volta non ammetto che *(voi-fare)* _____ errori!

6. Nonostante Adriano *(essere)* _____ un bravissimo musicista, non riesce a far carriera nel mondo della musica.

7. *Il nome della rosa* è decisamente il libro più bello che io *(leggere)* _____ in tutta la mia vita.

8. Nel caso in cui *(voi-avere)* _____ bisogno di aiuto per finire quest'esercizio, chiamatemi!

9. Hai sentito Helena? Pare che *(lei-fidanzarsi)* _____ di nuovo con un bel francese!

10. Non sono mai in grado di finire una dieta. Non è che *(io-avere)* _____ fame, è che sono una golosona!

11. Alessandra è una brava psicologa. Credo che tu *(dovere)* _____ farci due chiacchiere e parlarle dei tuoi problemi!

12. Finalmente l'esercizio è finito. Speriamo che *(andare)* _____ bene!

La concordanza dei tempi

7 Un passo indietro
Trasforma le frasi al passato, come nell'esempio.

De Pascalis **esige** che i suoi studenti **imparino** tutte le sue poesie a memoria.
*De Pascalis **esigeva** che i suoi studenti **imparassero** tutte le sue poesie a memoria.*

1. Nessuno **si aspetta** che tu **scriva** una mail di protesta per il corso.

2. Non è che Paola **soffra** di depressione, ma a volte **si sente** un po' sola.

3. **Penso** che Helena **abiti** a Trastevere.

4. Che Arianna **prenda** troppo sul serio tutto quello che **fa**, è evidente.

5. **Immagino** che Tommaso **offra** da bere a tutti per festeggiare la nascita di suo figlio!

6. Non è che Roberto non **voglia** aiutarti, è che non **può**!

7. Nonostante Lisa **si abbronzi** facilmente, **usa** sempre la crema solare per proteggere la pelle.

8. Non **riesco** mai a trovare un cappello che **copra** anche le orecchie!

9. Giulia **lavora** così tanto affinché un giorno anche suo figlio **vada** all'università.

10. Che Alessandra **insegni** molto bene, tutti gli studenti lo **sanno**.

esercizi

8 **Indietro tutta!**
Trasforma le frasi al passato, come nell'esempio.

> È tardissimo! **Temo** proprio che l'aereo **sia** già **partito**!
> *Era tardissimo!* ***Temevo*** *proprio che l'aereo* ***fosse*** *già* ***partito***.

1. Vedi quella signora laggiù? **Si dice** che **abbia ucciso** il marito!
   _____

2. **Mi domando** cosa **sia successo** tra Tommaso e Arianna.
   _____

3. **Pare** che Tommaso **si sia fidanzato** di nuovo con una ragazza inglese!
   _____

4. Daniela **pensa** che tu **abbia sbagliato** ad accettare quel lavoro.
   _____

5. Nonostante Adriano **abbia studiato** molto, **è** un pessimo insegnante!
   _____

6. **Speriamo** che la crisi economica **sia finita**.
   _____

7. Arianna? Non è che mi **stia** antipatica, è solo che non mi **piace**!
   _____

8. Non **riesco** a trovare una segretaria che **abbia** già **fatto** un tirocinio.
   _____

9. Il preside **vuole** parlare con chiunque **abbia partecipato** allo sciopero.
   _____

10. Sonia **è** l'unica donna che mi **abbia** mai **capito** veramente!
    _____

11. Non **capisco** perché tu non mi **abbia telefonato** per avvertirmi.
    _____

12. **Ci auguriamo** che **abbiate capito** tutto!
    _____

Per saperne di più...

Si può usare la concordanza del **presente / futuro** (e non del passato) **anche** se la **frase principale** è al **passato** ma i suoi **effetti** o la sua **validità** continuano ancora nel **presente**.

(Oggi dico che) *Daniela ieri mi ha promesso che domani* **verrà** (invece di: **sarebbe venuta**) *al cinema con me.*

(Oggi Helena dice che ieri) *Roberto* **ha detto** *che Arianna* **è** (invece di: **era**) *malata. (e lo è ancora oggi).*

(L'ho chiesto ieri, ma l'informazione si riferisce ancora al presente) **Volevo** *sapere se Alessandra* **sa** (invece di: **sapeva**) *l'inglese.*

In una frase secondaria anteriore rispetto alla principale è possibile anche usare il **passato remoto**.

So *che durante la guerra mia padre* **tornò** *con i suoi genitori nel paese d'origine di mio nonno.*

Quando nella frase principale figura il **condizionale** di un verbo indicante volontà, desiderio, opportunità (*volere, desiderare, pretendere, essere conveniente,* ecc.) nella frase secondaria si usa il **congiuntivo**.
La scelta del tempo verbale è sintetizzata nella tabella seguente.

frase principale	modo della frase secondaria	rapporto temporale
Vorrei che... *Avrei voluto che...*	congiuntivo trapassato Giulia **fosse andata** al mare. (ieri)	anteriorità
	congiuntivo imperfetto Giulia **andasse** al mare. (oggi / domani)	contemporaneità posteriorità

2 Verbi di volontà, dubbio, sentimento

È obbligatorio usare il congiuntivo dopo verbi ed espressioni che indicano volontà, aspettativa, dubbio. In particolare:

2.a

- dopo verbi che indicano **volontà, desiderio, controllo** (come *volere, desiderare, chiedere, preferire, controllare, ordinare, esigere, pretendere, permettere, evitare*, ecc.) e dopo espressioni che contengono i sostantivi corrispondenti a questi verbi (come *voglia, desiderio*, ecc.).

  Voglio che siate più cortesi con vostra nonna!

  Il direttore ha chiesto che tutti i dipendenti arrivino puntuali.

  Nel paese c'è una gran voglia che le cose cambino.

- dopo verbi che indicano **attesa, aspettativa, speranza, timore** (come *aspettare / aspettarsi, sperare, avere paura, temere, sognare*, ecc.) e dopo espressioni che contengono i sostantivi corrispondenti a questi verbi (come *speranza, timore*, ecc.).

  Aspetto che Marina arrivi per poterle parlare.

  Spero che tu non abbia dimenticato ancora una volta l'ombrello a scuola.

  Non ho mai perso la speranza che un giorno in Italia le cose cambino per davvero.

- dopo verbi che indicano **dubbio, ipotesi, fantasia** (come *dubitare, sospettare, supporre, immaginare, fingere, negare, non negare*, ecc.) e dopo espressioni che contengono i sostantivi corrispondenti a questi verbi (come *dubbio, fantasia*, ecc.).

  Enrico dubita che io sia in grado di preparare lo zabaione a regola d'arte.

  Da bambina Alessandra immaginava che le sue bambole potessero parlare.

  Sonia ha sempre avuto il dubbio che il marito la tradisse.

Dopo i verbi ed espressioni di **sentimento** o **stato d'animo** è preferibile usare il congiuntivo ma è possibile anche l'uso dell'indicativo, specialmente nella lingua parlata e poco controllata. In particolare:

2.b

- dopo verbi che indicano **sentimento, stato d'animo** (come *essere felice, godere, rallegrarsi, dispiacere / dispiacersi, essere triste, meravigliarsi, offendersi, fare piacere*, ecc.)

  Sono contenta che Roberto è / sia tornato così presto dalla Norvegia.

  Si è meravigliata che io ho / abbia trovato subito lavoro con la mia laurea in filosofia.

2.c

Quando la frase principale e la secondaria hanno lo stesso soggetto si usa *di* + **infinito**.

Si può usare la forma esplicita (*che* + **congiuntivo**) se si vuole sottolineare una **contrapposizione** tra il soggetto della frase principale e altri soggetti.

*Daniela **teme di non aver avuto** l'aumento.*

***Daniela** teme che i **suoi colleghi** abbiano firmato il nuovo contratto e che **lei** invece **non abbia avuto** l'aumento.*

2.d

Con verbi come *comandare, ordinare, permettere, proibire, vietare, chiedere* e un **oggetto indiretto** si usa *di* + **infinito** anche se la frase principale e la secondaria non hanno lo stesso soggetto.

*Roberto ha proibito **ad Arianna di fare** propaganda animalista in classe.*

2.e

Attenzione a *desiderare, volere, preferire*: se la frase principale e la frase secondaria hanno lo stesso **soggetto**, questi verbi reggono l'**infinito** (senza *di*).

*Voglio **leggere** questo libro.*

*Desidero **andare** a trovare mia nonna.*

2.f

Le frasi secondarie possono **precedere** la frase principale. In questo caso l'uso del **congiuntivo** è possibile (e preferibile in un registro linguistico controllato) anche con i verbi e le espressioni che **normalmente** reggono il solo **indicativo**, come i verbi di **dichiarazione e percezione**. Quando la frase anteposta ha la funzione di **oggetto**, è obbligatorio usare nella frase principale il pronome anaforico *lo*.

*Che Sonia **abbia perso** dieci chili, è evidente!*

*Che l'italiano **sia / è** una lingua bellissima, Daniela **lo** dice sempre.*

*Che l'orlo dei pantaloni **fosse / era** troppo corto, Tommaso **l'aveva notato** subito.*

esercizi

1 Volere è potere!

Completa le frasi con il congiuntivo presente, passato, imperfetto o trapassato.
Attenzione: in alcuni casi sono possibili più soluzioni.

1. La mamma ai figli: "Voglio che *(mettere)* _____ in ordine la vostra stanza entro stasera!".

2. L'avvocato: "Esigo che la corte *(ascoltare)* _____ tutti i testimoni della difesa".

3. Lo studente: "Sono nervosissimo! Spero che l'esame *(andare)* _____ bene e che la commissione mi *(dare)* _____ un buon voto!".

4. L'uomo d'affari: "Signorina, mi aspetto che quei documenti *(essere)* _____ pronti per domani mattina alle nove!".

5. La guida alpina: "Ho paura che *(noi-perdersi)* _____... Mi aspettavo che qui *(esserci)* _____ un sentiero".

6. La festeggiata: "Mi fa proprio piacere che *(voi-riuscire)* _____ a essere qui stasera!".

7. Il capo del personale: "Immaginavo che *(Lei-prendere)* _____ già una decisione riguardo al suo trasferimento nella nostra filiale di Pisa".

8. L'impiegato allo sportello: "Mi dispiace che *(Lei-fare)* _____ due ore di fila inutilmente. Doveva rivolgersi all'ufficio del piano di sopra".

9. La nonna al nipote: "Desideravo tanto che mi *(venire)* _____ a trovare".

10. Il vigile urbano all'automobilista: "Temo che Lei non _____ *(vedere)* il semaforo rosso."

Verbi di volontà, dubbio, sentimento

2 **Lettera a un giornale: l'Italia che vogliamo per i nostri figli**
Completa con l'indicativo o il congiuntivo.

Caro Zorias,
qualche giorno fa ho letto che una sottosegretaria del governo *(arrogarsi)* _____ il diritto di farsi portavoce del pensiero degli italiani affermando che tutti i genitori *(augurarsi)* _____ di avere un figlio eterosessuale. Tra pochi giorni dovrei partorire una bimba e mi sono ritrovata a pensare che cosa mi auguro veramente per lei. Mi auguro che *(potere)* _____ crescere in uno stato in cui le politiche ambientali non siano guidate dagli interessi della mafia nell'industria del cemento e nel business della gestione rifiuti. Mi auguro che *(avere)* _____ un lavoro nel suo paese, senza dover emigrare all'estero, e che lo *(ottenere)* _____ grazie alle sue capacità e non per l'intercessione di qualche parente. Mi auguro che essere donna per lei non *(significare)* _____ vedere le sue capacità intellettive, empatiche o lavorative discriminate dal sesso o dall'aspetto fisico. Per quanto riguarda i suoi gusti sessuali, pur facendo esercizio di onestà, devo dire che l'unica cosa che mi auguro *(essere)* _____ che ne *(essere)* _____ soddisfatta e che *(potere)* _____ essere felice con la persona con cui *(scegliere)* _____ di vivere, che sia uomo, donna, bianco, nero o marziano.

adattato da *repubblica.it*

esercizi

3. Le dieci paure degli italiani
Completa il testo con il congiuntivo o l'indicativo.

PANORAMA

Quali sono le dieci più grandi paure degli italiani?

Ne parla *Il Rapporto sulla sicurezza in Italia*, realizzato da Demos e Osservatorio Pavia.

1. Disoccupazione
La maggiore preoccupazione per gli italiani è la disoccupazione: il 45%, infatti, teme che il proprio futuro *(potere)* _____ essere senza lavoro.

2. Situazione economica
La seconda paura per gli italiani *(essere)* _____ la situazione economica (41%), un punto sopra la media europea.

3. Inflazione
Il 31% degli italiani teme che i prezzi *(aumentare)* _____ eccessivamente, mentre l'inflazione non *(preoccupare)* _____ gli altri cittadini dei principali paesi europei.

4. Criminalità
Il 18% degli italiani dichiara che la criminalità *(costituire)* _____ la loro maggiore preoccupazione.

5. Tasse
Lo studio evidenzia che gli italiani *(essere)* _____ tra i più insoddisfatti del proprio regime fiscale in Europa.

6. Immigrazione
Secondo il rapporto *(essere)* _____ la quinta preoccupazione degli italiani. Appena il 10% della popolazione teme che i flussi migratori *(aumentare)* _____.

7. Sistema sanitario
Solo il 6% degli italiani ha paura che il proprio sistema sanitario non *(offrire)* _____ garanzie adeguate.

8. Pensioni
Il 9% degli europei ritiene le pensioni una delle priorità per i loro rispettivi paesi, ma solo il 4% degli italiani teme che la propria pensione non *(bastare)* _____ a garantire una vecchiaia dignitosa.

9. Terrorismo
Il 4% degli italiani, nella media europea, è preoccupato che gli attentati *(mettere)* _____ a rischio la loro quotidianità.

10. Istruzione
La scuola è l'ultima delle prime dieci priorità per gli italiani: appena il 3% della popolazione, meno della metà della media europea (7%), teme che lo spettro dell'ignoranza *(minacciare)* _____ i propri figli.

adattato da *panorama.it*

4 Quello che i bambini non dicono

Completa il testo con i verbi della lista, al modo e tempo opportuni.

potere · venire · trascorrere · arrivare · desiderare · lasciare · sedersi · raccontare · educare · abbracciare · permettere · fare

10 COSE CHE I BAMBINI VOGLIONO DAI LORO GENITORI

Molti genitori si domandano continuamente quale sia il modo migliore per crescere i figli. Sapere veramente cosa _____ i bambini, quello che piace loro e cosa li rende felici, renderebbe le cose molto più facili. Per questo è stato chiesto a bambini di tutto il mondo di scrivere una lista di ciò che, secondo loro, un bravo genitore fa o dovrebbe fare. Ecco le risposte più frequenti:

1. Mi piace quando la mamma _____ nella mia camera di notte per rimboccarmi le coperte e cantarmi una canzoncina.
2. Vorrei che loro mi _____ più spesso e che _____ a parlare con me da soli.
3. Desidero che mamma e papà _____ del tempo di qualità con me, senza fratelli e sorelle intorno.
4. Amo che la mamma mi _____ le storie di quando ero piccolo.
5. Non vedo l'ora che _____ la sera per farmi coccolare sotto le coperte e guardare insieme il nostro programma preferito in tv.
6. Apprezzo moltissimo che mi _____: mi fanno capire che per loro sono importante.
7. Mi aspetto sempre che loro mi _____ messaggi speciali nella borsa del pranzo.
8. Spero che mamma e papà mi _____ giocare molto all'aperto.
9. Sono molto contento quando loro mi _____ di invitare gli amichetti a casa.
10. Vorrei il gelato tutti i giorni!

Speriamo che queste informazioni _____ rivelarsi utili per la crescita di bambini sani e felici.

da *www.einum.org*

esercizi

5 La dura vita delle donne incinte!
Completa il dialogo con l'indicativo, il congiuntivo o l'infinito.

LUI: Tesoro, ecco la cioccolata che mi *(tu-chiedere)* _____!

LEI: Spero che non *(tu- dimenticarsi)* _____ di metterci lo zucchero. Lo sai che non mi piace amara!

LUI: Vado subito a prenderlo, cara. Quale zucchero *(tu-volere)* _____?

LEI: Mi meraviglio che dopo tutto questo tempo tu ancora non *(conoscere)* _____ i miei gusti: lo zucchero di canna, è ovvio! Ah, ti dispiacerebbe *(aggiungere)* _____ al cioccolato anche un goccio di latte?

LUI: Temo proprio che il latte *(essere)* _____ finito!

LEI: Beh, allora io temo proprio che tu *(dovere)* _____ andare a comprarlo! E, visto che esci… ho tanta voglia di *(io-mangiare)* _____ delle fragole! Ma non ti permetto assolutamente di *(tu-andare)* _____ al negozio in via Piave: non mi piace come ti *(guardare)* _____ la commessa. Ti proibisco categoricamente di *(parlare)* _____ con lei!

LUI: Ma che dici, trottolina?!? Mi stupisco che tu *(potere)* _____ anche solo pensare una cosa del genere! Così corri il rischio di *(tu-diventare)* _____ ossessiva! Comunque andrò all'altro supermercato, quello in via Nazionale, mi assicurerò che le fragole *(essere)* _____ mature al punto giusto, ed eviterò di *(io-parlare)* _____ con qualsiasi ragazza, te lo prometto!

LEI: Perfetto! E bada bene di non *(tu-dimenticare)* _____ di ricomprare anche lo zucchero di canna: l'hai appena finito.

LUI: Certo, pulcino! E non vedo l'ora che questo bimbo *(nascere)* _____!

BIMBO: Come vorrei *(essere)* _____ femmina!!!

Verbi di volontà, dubbio, sentimento

6 Lo sapevi che…
Trasforma le frasi anteponendo la frase oggettiva e usando il pronome anaforico **lo**, come nell'esempio.

Ho sempre saputo che il congiuntivo non è difficile.
*Che il congiuntivo non **sia** difficile, l'ho sempre saputo.*

1. Daniela non direbbe mai che il congiuntivo è sempre obbligatorio.

2. Ricordi che il congiuntivo presente ha spesso le stesse irregolarità del presente semplice?

3. Possiamo affermare che il congiuntivo si trova anche, in alcuni casi, dopo verbi di dichiarazione e percezione.

4. Avete visto che il capitolo successivo parla delle espressioni impersonali?

5. Tutti sanno che il congiuntivo si usa dopo un verbo di opinione.

6. Tommaso ha scritto che dopo una domanda indiretta è possibile usare il congiuntivo.

7. Non avevo mai notato che esistono espressioni con il congiuntivo indipendente.

8. Sosterremo sempre che il congiuntivo vive e sta benissimo!

9. Avevamo già intuito che le regole sul congiuntivo erano troppe!

10. Ci hanno sempre insegnato che ogni regola ha un'eccezione.

Con alcuni verbi, l'uso dell'indicativo e del congiuntivo determina un **diverso significato**.

2.g		
	ammettere	L'imputato ha ammesso che la responsabilità del delitto **è** interamente sua. (+ **indicativo**: ammettere significa riconoscere come vero)
		Il giudice ha ammesso che **vengano** presentati i due testimoni della difesa. (+ **congiuntivo**: ammettere significa permettere, supporre, accettare come possibilità)
	badare	Bada bene che preparare una buona pizza non **è** poi così facile come si dice. (+ **indicativo**: badare significa osservare, notare)
		Quando prepari la torta, bada che la crema non **impazzisca**. (+ **congiuntivo**: badare significa fare attenzione)
	calcolare	Ho calcolato che ci **vogliono** circa due ore per arrivare a Napoli. (+ **indicativo**: calcolare significa valutare, fare un calcolo)
		Siccome dovevamo viaggiare nell'ora di punta, ho calcolato che **potesse** esserci traffico. (+ **congiuntivo**: calcolare significa dedurre, supporre)
	capire	Capisco che non l'**hai** fatto apposta, ma la prossima volta fa' più attenzione. (+ **indicativo**: capire significa rendersi conto)
		Capisco che nella vita si **possa** sbagliare, ma tu stai esagerando. (+ **congiuntivo**: capire significa ritenere possibile, supporre)
	considerare	Ho considerato che Roberto **ha** fatto tutto il possibile per aiutarci e gliene sarò sempre estremamente grato. (+ **indicativo**: considerare significa tenere conto)
		Ho considerato che Roberto, una volta tanto, **possa** anche avere ragione, ma non lo ammetterò mai. (+ **congiuntivo**: considerare significa supporre, tenere in considerazione)

Verbi di volontà, dubbio, sentimento

decidere	*Ho deciso che Giulia è la persona adatta per questo incarico.* (+ **indicativo**: *decidere* significa *giungere alla conclusione*) *Ho deciso che sia Giulia la madrina di mio figlio.* (+ **congiuntivo**: *decidere* significa *disporre*)
guardare	*Guarda che ha fatto Tommasino: la casa è completamente a soqquadro.* (+ **indicativo**: *guardare* significa *vedere, osservare*) *Guarda che Tommasino abbia riordinato la sua stanza.* (+ **congiuntivo**: *guardare* significa *fare in modo che, controllare*)
pensare	*Tommaso pensò che Daniela aveva passato l'esame e che questa era la cosa più importante.* (+ **indicativo**: *pensare* significa *riflettere su / notare qualcosa di rilevante o insolito*) *Adriano pensa che la vita sia tutta una farsa e che lui ne sia il protagonista.* (+ **congiuntivo**: *pensare* significa *supporre, credere* → vedi capitolo 4)
stabilire	*Il medico legale ha stabilito che la morte è avvenuta per cause accidentali.* (+**indicativo**: *stabilire* significa *accertare*) *Il direttore ha stabilito che la pausa pranzo finisca alle 13.30.* (+ **congiuntivo**: *stabilire* significa *disporre*)

esercizi

7 Sudore e morte
Completa il testo con i verbi, al modo e tempo opportuni.

Mi ricordo di quell'estate. Tanto calda che pure ladri e assassini *(andare)* _____ fuori porta a cercare riparo dall'afa.
Noi della cronaca eravamo rimasti senza una notizia decente da scrivere, assediati da ventilatori indiscreti e mosche depresse. Chiesi al caporedattore se potevo prendermi un paio di giorni liberi. Speravo, dentro di me, che non me li *(dare)* _____. Avevo paura che, rintanandomi dentro casa, il caldo *(farsi)* _____ ancora più nauseante. Poi, in fondo, volevo anche che mi *(dire)* _____ che il giornale, senza di me, non *(potere)* _____ andare avanti.

"Non c'è problema", mi rispose, "prenditi pure tutta la settimana".

Mi dispiaceva che non *(avere)* _____ la minima esitazione, ma sapevo bene che nessuno quella settimana *(sentire)* _____ la mia mancanza.
Tornai subito a casa e chiesi alla portiera se qualcuno mi avesse cercato.
Lo facevo, inutilmente, ogni volta.

"È passato un signore stamattina. Alto, elegante, un signore distinto. Ho immaginato che *(essere)* _____ un suo collega".

Capii subito che *(succedere)* _____ qualcosa di strano.
Presi l'ascensore, cercando di convincermi che tutto *(essere)* _____ a posto. Aprii la porta e vidi subito che il tipo distinto mi *(distruggere)* _____ l'appartamento. Sembrava che *(passare)* _____ un uragano.
Feci un giro e mi meravigliai che l'uragano *(risparmiare)* _____ la saliera di cristallo di mia nonna. Mi venne il sospetto che il tipo, oltre a essere

Verbi di volontà, dubbio, sentimento

distinto, *(essere)* _____ anche superstizioso.
Alzai il telefono e feci il numero. Mortensen, come sempre, aspettò che il telefono *(squillare)* _____ tre volte e poi rispose.

"Perché l'ha fatto, Mortensen? Sapeva che domani *(venire)* _____ a pagare il debito".
"Mi fa piacere che *(ricevere)* _____ finalmente una visita. I miei collaboratori mi riferiscono che nessuno la *(venire)* _____ mai a trovare e che *(trascorrere)* _____ le sue giornate a leggere giornali vecchi di anni e gialli imbarazzanti."
"Lei è un verme che vive una vita da verme, Mortensen".

Riattaccai e mi resi subito conto che quella telefonata *(essere)* _____ il peggior errore della mia vita. Infilai in valigia mutande, camicie e canottiere e controllai che l'uscita *(essere)* _____ sicura.
Scesi di corsa, suonai alla portiera e le dissi che *(dovere)* _____ partire per Basilea, c'era da scrivere un articolo sul nuovo museo d'arte moderna.
Le chiesi di raccogliere la posta. Lei sospettò che le *(raccontare)* _____ la solita balla ma non disse nulla.
E io finsi che lei *(credere)* _____ alla mia storia patetica.
Feci segno a un taxi, mi ci infilai dentro e chiesi al tassista di *(andare)* _____ all'aeroporto.

"Buongiorno, signor Miller. Temo che *(dovere)* _____ rinviare il suo viaggio. Il signor Mortensen la sta aspettando. E lui non aspetta mai. Preferisce che *(essere)* _____ gli altri ad aspettare".

da *Sudore e morte* di Guglielmo Bolla

2 Verbi di volontà, dubbio, sentimento

8 A ognuno il suo!
Abbina le frasi, come nell'esempio.

1. Il preside ha ammesso che durante la pausa gli studenti escano in balcone a fumarsi una sigaretta.
2. Il preside ha ammesso che durante la pausa gli studenti escono in balcone a fumarsi una sigaretta.

a. Gli studenti uscivano di nascosto durante la pausa a fumarsi una sigaretta, il preside faceva finta di niente. Alcuni genitori lo hanno saputo e sono andati a chiedere spiegazioni al preside, che ha dovuto riconoscere di esserne al corrente. ②
b. Gli studenti hanno chiesto al preside il permesso di uscire a fumarsi una sigaretta e il preside gliel'ha concesso. ①

3. Bada che la torta non si brucia.
4. Bada che la torta non si bruci!

c. Fai attenzione a non far bruciare la torta! ○
d. Osserva come la torta, nonostante l'elevata temperatura del forno, non si brucia. ○

5. "Pensa che Adriano ha rimesso in ordine da solo la sua camera!"
6. La mamma pensa che Adriano abbia rimesso in ordine da solo la sua camera.

e. La mamma suppone che Adriano abbia rimesso in ordine da solo la sua camera, ma in realtà l'ha aiutato Arianna. ○
f. Considera l'eccezionalità del fatto che Adriano, una volta tanto, ha rimesso in ordine la sua camera. ○

7. Guarda che Tommaso si è messo i calzini puliti!
8. Guarda che Tommaso si sia messo i calzini puliti.

g. Osserva questo evento eccezionale: oggi Tommaso, contrariamente alle sue abitudini, indossa dei calzini puliti. ○
h. Controlla che il piccolo Tommaso abbia indossato dei calzini puliti e, nel caso non l'abbia fatto, faglieli mettere. ○

9. I colleghi hanno deciso che Sonia ha un nuovo ragazzo.
10. I colleghi hanno deciso che Sonia abbia un nuovo ragazzo.

i. Sonia rischia di rimanere una zitella cronica e così i suoi colleghi ritengono che sia giunta l'ora che si trovi un nuovo compagno e intendono aiutarla nella ricerca di un partner. ○
l. I colleghi di Sonia, avendo notato dei cambiamenti, sono giunti alla conclusione che abbia iniziato una nuova relazione. ○

11. Il giudice ha stabilito che l'imputato lavori in un centro di recupero per tossicodipendenti.
12. Il giudice ha stabilito che l'imputato lavora in un centro di recupero per tossicodipendenti.

m. Il giudice ha accertato la reale occupazione dell'imputato. ○
n. Il giudice ha disposto una misura alternativa al carcere. ○

Per saperne di più...

2.g

Dopo i **verbi di dichiarazione** (come *dire, dichiarare, affermare, raccontare, scrivere*, ecc.) nella frase secondaria solitamente **non si usa il congiuntivo** ma, secondo la concordanza dei tempi, l'indicativo o il condizionale.

Tuttavia alcuni di questi verbi (come *concludere, dire, scrivere, annunciare, avvertire, rispondere*) possono reggere il **congiuntivo**, assumendo un significato vicino a quello dei verbi di **volontà**.

*Adriano **dice** che **hanno scoperto** una lozione miracolosa contro la caduta dei capelli.*

*Tommaso **ha scritto** che ad Amburgo **è piovuto** per dieci giorni di seguito.*

***Ho detto** al cameriere che mi **portasse** un'altra grappa.* (= volevo che mi portasse un'altra grappa)

*Tommaso **aveva scritto** a Daniela che **partisse** il più presto possibile.*
(= voleva che partisse / aveva scritto che doveva partire)

2.h

Quando nella frase principale c'è il **condizionale** di un verbo indicante **volontà, desiderio, opportunità** (come *volere, desiderare, pretendere, essere conveniente*, ecc.) nella frase secondaria si usa il **congiuntivo imperfetto** o **trapassato**, secondo la concordanza dei tempi.

***Vorrei / Avrei voluto** che Giulia **andasse** al mare.* (oggi / domani)

***Vorrei / Avrei voluto** che Giulia **fosse andata** al mare.* (ieri)

2.i

Se nella frase secondaria è usato il congiuntivo, è spesso possibile **omettere** il *che*.

Non è possibile omettere il *che* se dipende da un sostantivo o da un aggettivo.

Dubito (che) se ne sia accorto.

Spero (che) tu abbia detto la verità.

*La **paura che** lui vinca di nuovo le elezioni mi ha fatto emigrare.*

Per saperne di più...

2.l

Una frase secondaria può anche essere introdotta da *il fatto che*, spesso abbreviato in *che*.
Nella frase secondaria si usa di norma lo stesso modo che si userebbe nella costruzione **senza** *il fatto che*.

Roberto è orgoglioso **che / del fatto** *che tanti suoi ex studenti lo* **vengano** *ancora a trovare.*

L'uso di *il fatto che* è in genere possibile con i **predicati fattivi**. Questi sono verbi od espressioni che presuppongono che chi parla implichi la **verità** del contenuto della frase secondaria. *Il fatto che* si può quindi, per esempio, usare con **verbi** che indicano **un'emozione o uno stato d'animo,** ma in genere **non** con verbi di **aspettativa**, **speranza**, **timore** o con i verbi **di opinione**.

Tommaso è consapevole **che / del fatto che** *Arianna* **abbia ragione.**

Alessandra si rallegra **che / del fatto che** *Arianna* **abbia mangiato** *un panino con la porchetta.*

Voglio / Mi aspetto ~~il fatto che~~ **che** *tu* **venga** *a pranzo con noi.*

Spero / Temo ~~il fatto che~~ **/ che** *Sonia abbia trovato l'uomo giusto.*

Penso ~~il fatto~~ **che** *Tommaso sia molto distratto.*

Il fatto che può essere usato per introdurre **frasi soggettive** collocate prima del verbo e dipendenti da predicati fattivi.

(Il fatto) **che** *la situazione politica sia così instabile, mi angoscia terribilmente.*

Il fatto che si trova anche in dipendenza dei verbi o espressioni di **dichiarazione** o **percezione** che possono reggere un **oggetto indiretto** (come *accorgersi di* o *rendersi conto di*).
Non è invece possibile usare *il fatto che* dopo un verbo di dichiarazione o percezione che regge un **oggetto diretto**.

Daniela si è resa conto troppo tardi **che / del fatto che** *le avevano venduto una borsa usata.*

Ho visto ~~il fatto~~ *che Daniela si è comprata una borsa usata.*

Verbi di volontà, dubbio, sentimento

In alcuni casi l'avverbio di negazione *non* si può usare, o non usare, senza cambiare il significato della frase. La presenza del *non* è in questi casi superflua, si parla quindi di un **uso pleonastico** (o fraseologico). In diversi casi riguarda anche frasi che possono contenere una forma di congiuntivo.

In particolare:

- dopo *dubitare / non dubitare che*	Dubito che Roberto (**non**) abbia ricominciato a fumare.
- dopo *mancar(ci) poco che*	Ieri c'è mancato poco che Tommaso (**non**) si rompesse l'osso del collo con la sua bici.
- dopo *chissà che*	Chissà che anche Sonia (**non**) sia felice di ritornare a Roma!
- nelle **frasi eccettuative**	Passo io a prendere i bambini a scuola a meno che (**non**) debba rimanere in ufficio fino a tardi.
- nelle **frasi comparative di maggioranza o di minoranza**	L'italiano è una lingua più utile nel mondo del lavoro di quanto (**non**) si creda.
- con *appena*	I clienti possono ritirare la merce (**non**) appena sia stata messa a disposizione dal venditore.
- con *finché* usato nel significato di *fino al momento che*	Un buon comandante non inizia a mangiare finché (**non**) sia pronto il rancio da distribuire a tutti.

3 Espressioni impersonali

Si usa il congiuntivo dopo molte **espressioni impersonali**. In alcuni casi l'uso del congiuntivo è **obbligatorio** (vedi appendice a pagina 149), almeno in un registro linguistico elevato e controllato; in altri casi si alterna con l'**indicativo**.

Il congiuntivo è obbligatorio in **frasi secondarie** dipendenti da:

- aggettivi o espressioni impersonali che indicano **possibilità** o **impossibilità** come *(non) è possibile / impossibile / probabile / improbabile*, ecc.

- aggettivi, avverbi o espressioni con valore **valutativo o affettivo**, o di **soggettività** o di **incertezza** come *(non) è bello / brutto / credibile / incredibile / difficile / facile / bene / meglio / normale*, ecc.

- aggettivi, espressioni o verbi impersonali che indicano **necessità**, **utilità**, **interesse** come *(non) è utile / inutile / necessario, bisogna, occorre, vale la pena*, ecc.

È impossibile che Arianna non **mangi** carne da dieci anni! *È probabile* che ogni tanto **si cuocia** una bistecca di nascosto.

È bello che oggi tutta la nostra famiglia **sia** riunita a festeggiare questo lieto evento.

È incredibile che Roberto non ti **abbia** ancora **riferito** l'ultimo pettegolezzo.

È necessario che si trovi al più presto una soluzione di compromesso.

Bisogna proprio che Daniela **si decida**!

Si usa più di frequente l'**indicativo**, ma è possibile anche l'uso del **congiuntivo**, in frasi dipendenti da espressioni e aggettivi che esprimono una **certezza senza riserve** come *non c'è dubbio che, non è vero che, è certo / chiaro / evidente / fuor di dubbio / noto / ovvio / sicuro che*, ecc.

L'uso del **congiuntivo** sottolinea che quanto si afferma **non è verificato** o è il frutto di **un'opinione**.

In una frase secondaria introdotta da *è vero che* non si usa il congiuntivo ma l'indicativo.

È indubbio che Daniela **ha / abbia** perfettamente ragione.

È certo che la Roma **è / sia** la squadra più forte di questo Campionato.

Era ovvio che Sonia **era / fosse** completamente innamorata del bagnino.

È vero che la terra **gira** intorno al sole e non viceversa.

3.c

È possibile usare il congiuntivo dopo i verbi di dichiarazione costruiti con il *si* impersonale (*si dice, si racconta che,* ecc.), o alla **terza persona plurale**, se questa si riferisce ad un soggetto indefinito (*dicono, raccontano,* ecc.).

Il **congiuntivo** sottolinea che l'informazione riportata **non è confermata** e ha un carattere di **incertezza**.

L'**indicativo** rimarca che il contenuto della frase secondaria corrisponde a quanto è stato **affermato da altri**.

Dicono che Sonia abbia un flirt con il salumiere...

Si dice che Roberto da giovane fosse un agente segreto al servizio di una potenza straniera!

Siamo ormai a giugno avanzato, e finalmente mi trovo tra le mani un documento in cui si dice che ho presentato domanda per il rilascio della patente.
(U. Eco, *Il secondo diario minimo*)

3.d

Dopo verbi di **evento** come *accadere, avvenire, capitare, succedere* si usa generalmente il **congiuntivo** quando ci si riferisce a un **processo** o a una **serie di eventi possibili** e **indeterminati e non** a un **evento preciso**.

Se ci si riferisce a un **evento singolo e determinato**, o si vuole rimarcare una **situazione determinata**, si usa generalmente l'**indicativo**.

In tutti i Paesi succede che nonni e nipoti parlino due lingue diverse. Però solo in Italia capita che essi siano coetanei.
(I. Montanelli, *Italia sotto inchiesta*)

- *Perché Daniela sta urlando al telefono? Cosa sta succedendo?*
- *Sta succedendo che si ~~sia~~ è finalmente decisa a dirne quattro a Enrico!*

3 Espressioni impersonali

L'uso del congiuntivo è preferibile in un registro elevato ma si alterna con l'indicativo dopo *parere* e *sembrare*. Nella **lingua informale**, ma anche in **formulazioni meno argomentate**, si trova spesso anche l'indicativo. In questi casi *pare che* o *sembra che* hanno un valore simile a quello di un avverbio come *apparentemente* o di una locuzione come *a quanto pare*. Se usati con il pronome oggetto indiretto della persona sono simili a un verbo di opinione (vedi 4.b).

Pare che il nuovo inquilino del terzo piano **faccia** l'attore.

Sembra che prima di morire **abbia fatto** testamento e **abbia lasciato** tutto alla sua badante!

Era Sonia al telefono. Sempre la solita, è di nuovo in ritardo! **Pare** che **ha sbagliato** strada...

Mi pare che oggi Roberto **sia / è** proprio di cattivo umore.

In un registro linguistico controllato, il congiuntivo è obbligatorio dopo l'espressione impersonale *non è che*, che significa *non si può dire che*, *non sembra che*.

Allo stesso modo si deve usare il congiuntivo dopo *non che* (o il più colloquiale *mica che*), con una sfumatura concessiva.

Non è che Tommaso **abbia** una gran voglia di lavorare.

Non che in Italia **manchino** politici onesti...

Mica che gli **manchi** il coraggio!

Altre espressioni impersonali dopo cui è obbligatorio usare il congiuntivo sono *(non) è il / un caso che*, *è ora che*, *è tempo che*, *non c'è verso / modo che*, *ci manca poco che*.

Non è un caso che Helena **abbia scelto** di vivere a Roma e non in Svezia: è così freddolosa!

1 A scuola ho imparato che il tempo è relativo
Scegli la forma verbale corretta.

Ho 32 anni, una laurea, un master, insegno da otto anni. Insegno in una scuola che da 30 ore alla settimana **è passata / sia passata** a 29. Un'ora in meno alla settimana non **si nota / si noti** neanche.

Sono circa 33 ore in meno in un anno, una settimana di scuola in meno in un anno, cinque settimane in cinque anni.

Significa che i bambini che hanno iniziato la prima elementare quest'anno **facciano / faranno** più di un mese di scuola in meno rispetto ai loro amici di quinta. Quante cose possono succedere in un mese?

Può succedere che Sara **legge / legga** un libro bellissimo e lo **passi / passa** ad Alessia a cui non **piaccia / piace** molto leggere, e che anche Alessia lo **legga / legge** tutto d'un fiato e lo **trovi / trova** bellissimo. Può succedere che Diego **impara / impari** a fare le divisioni con due cifre e che le **faccia / fa** ripassare anche al suo papà che le aveva dimenticate.

Può succedere che Fatima **impari / impara** a leggere bene e che non **sbaglia / sbagli** nemmeno una parola.

Succedono molte, moltissime cose in un mese, molte più di queste.

Oggi a scuola ho imparato che il tempo **sia / è** relativo e che per imparare c'è bisogno di tempo.

da *repubblica.it*

esercizi

2 Ecce Ex!
Completa il dialogo con i verbi al congiuntivo o all'indicativo.

■ Pronto?
● Ciao Ari! Sono Daniela!
■ Ciao, Dany! Tutto bene?
● Sì, tutto bene, ma sto nel panico per stasera: c'è la festa di Roberto! Secondo te è opportuno che io ci *(andare)* _____?
■ Mah, per me non ci sarebbe niente di male se tu *(venire)* _____. Perché sei così preoccupata? In fondo ormai sono passati tre mesi da quando tu e Roberto vi siete lasciati. Evidentemente tra voi due *(esserci)* _____ ancora dell'attrazione, ma è anche inevitabile che prima o poi *(voi-incontrarsi)* _____ di nuovo!
● Sì, lo so! Non è che non *(io-avere)* _____ voglia di rivederlo, è che sono un po' confusa!
■ Dai, Dany! È assurdo che *(tu-farsi)* _____ queste paranoie! È il caso che tu *(mostrare)* _____ un po' di maturità! E poi si balla anche!
● Ah, no! Se si balla non vengo! Che dici, vengo?!? È fondamentale che lui *(notarmi)* _____, che *(accorgersi)* _____ di me! Secondo te è meglio che *(io-venire)* _____ e *(io-starsene)* _____ in disparte, o che non *(venire)* _____ per niente?
■ Secondo me non è normale che *(tu-domandarsi)* _____ queste cose!
● Vengo? Ok, vengo! Sai che ti dico? Dico che *(io-venire)* _____ e *(io-mettersi)* _____ vicino ad una finestra, con un'espressione un po' annoiata e misteriosa… che ne dici? Vengo! Ci vediamo là! No, non vengo, non mi va! A proposito, forse devo cominciare a prepararmi per la festa, non vorrei fare tardi! Che ora è?
■ È decisamente ora che tu *(farsi)* _____ visitare da un bravo psicologo! CLICK!

ispirato al film *Ecce bombo*, di Nanni Moretti

Espressioni impersonali

3 **Il decalogo del buon genitore**
Completa il testo con i verbi della lista al congiuntivo presente e, in due casi, al presente indicativo.

abituarsi   avere   avvicinarsi   dovere   fare   limitare
navigare   passare   stabilire   sviluppare   svolgere

1. È bene che i bambini _____ fin da piccoli la loro autonomia gestendo da soli il proprio spazio, incluso l'ordine della loro cameretta.

2. È importante che _____ allo studio e alla scuola in modo sereno e gioioso: siate sempre disponibili ad aiutarli ma non dovete mai essere troppo opprimenti o invadenti!

3. È necessario che, appena possibile, _____ una paghetta settimanale di entità ragionevole.

4. È fuor di dubbio che la vita famigliare _____ avere degli orari certi e rispettati da tutti; come quelli, per esempio, del pranzo e della cena.

5. È importante che fin da piccoli _____ a mangiare cibi sani e naturali. Non c'è niente di male ad andare ogni tanto al Fast Food, ma deve essere un'eccezione!

6. È indispensabile che _____ una regolare attività fisica: non solo in palestra o in piscina, ma anche nella vita quotidiana. È noto che il movimento _____ bene a tutti: grandi e piccini!

7. È opportuno che si _____ il tempo che trascorrono davanti alla televisione, stabilendo, per esempio, degli orari fissi o un tempo massimo.

8. Computer: come per la televisione, è necessario che i vostri figli non _____ intere giornate davanti allo schermo del computer. Mai più di due ore al giorno, e comunque un massimo di tre ore tra computer e televisione.

9. Internet: è uno straordinario strumento di comunicazione e conoscenza, ma presenta grandi pericoli. È inopportuno che i più piccoli _____ in rete senza la supervisione di un adulto.

10. Non è una buona cosa che i vostri figli adolescenti tornino a casa la notte a ore impossibili: quando escono con gli amici è meglio che si _____, con ragionevolezza, l'ora del "coprifuoco".

esercizi

4 Non è vero ma ci credo!
Trova le frasi in cui è possibile usare il congiuntivo al posto dell'indicativo e scrivile nella tabella, come nell'esempio.

```
1   Pare che le superstizioni e le credenze popolari legate all'occulto o alla
2   magia sono diffuse in tutto il mondo. Non c'è dubbio che l'Italia è un
3   paese ricco di tradizioni popolari che affondano le radici nell'alba dei
4   tempi, ma è evidente che il nostro paese non è l'unico ad averne, e
5   che ogni popolo ha le sue leggende, i suoi miti e le sue scaramanzie.
6   In Cina, per esempio, sembra che il numero 4, così come tutti i numeri
7   che lo contengono, è completamente bandito, visto che la sua
8   pronuncia è molto simile a quella della parola "morte".
9   In Giappone si dice che, durante un temporale, i bambini devono
10  tenere lo stomaco bene al caldo per evitare che Raijin, il Dio del
11  Tuono, gli rubi l'ombelico.
12  In Qatar è noto a tutti che non si possono uccidere ragni: si è sempre
13  detto che hanno il potere di estinguere gli incendi nelle case.
14  In Galles, pare che indossare un cappello fatto di foglie e rametti di
15  nocciolo fa realizzare un desiderio. E in Ruanda dicono che mangiare
16  carne di capra fa crescere la barba alle donne!
17  Insomma, è innegabile che molte di queste tradizioni non hanno
18  nessun fondamento scientifico, ma è anche vero che moltissime
19  persone le rispettano anche se non ci credono. Può darsi che dietro ad
20  ogni leggenda c'è un fondo di verità, ma meno male che esistono
21  sempre gli scettici!
```
da incredibilia.it

riga	Frase con congiuntivo
1/2	Pare che le superstizioni e le credenze popolari legate all'occulto o alla magia siano diffuse in tutto il mondo.

Espressioni impersonali

5. La gente mormora
Completa le frasi con i verbi al congiuntivo o all'indicativo.

1. Hai visto come è dimagrita Paola? Dicono che dopo l'ennesima dieta fallita *(fare)* _____ una liposuzione!

2. Mi è giunta voce che Roberto *(stare)* _____ per risposarsi con una ballerina brasiliana.

3. Hai saputo che Sonia ha divorziato? Si dice che non *(sopportare)* _____ più il marito e *(avere)* _____ una tresca con il salumiere!

4. Arianna e Daniela sono delle vipere! Dicono che Helena *(tingersi)* _____ i capelli e *(avere)* _____ i denti finti!

5. Dicono che Lorenzo *(volere)* _____ tornare a vivere dai genitori.

6. Sonia mi ha detto che il figlio della fornaia *(decidere)* _____ di cambiare sesso!

7. Non ti sembra che Marina sia ringiovanita? Corre voce che *(farsi)* _____ un lifting.

8. Sergio sta chiedendo soldi a tutti. Si dice che *(essere)* _____ sull'orlo della bancarotta.

esercizi

6 **Certi giorni...**
Completa il testo con i verbi.

Capita che certe giornate *(iniziare)* _____ male e *(finire)* _____ peggio. Succede che ci *(svegliarsi)* _____ la mattina e si scopra che è già tardi perché la sveglia non *(suonare)* _____. Succede che poco dopo ci *(accorgersi)* _____ che *(mancare)* _____ l'acqua calda perché lo scaldabagno non *(funzionare)* _____ e così ci si deve fare la doccia e la barba con l'acqua fredda. Poi ti vesti, infili le scarpe e ti si rompono i lacci. Non ne *(trovare)* _____ un paio di ricambio, allora ci fai un nodo ed esci in fretta e furia rischiando di romperti l'osso del collo. Capita, certi giorni, che la macchina non *(mettersi)* _____ in moto perché la batteria *(essere)* _____ a terra e allora l'unico modo per arrivare in ufficio è prendere l'autobus, che però non passa mai ed è come sempre pieno zeppo. Così, quando finalmente arrivi, il capo è già nervoso e ti ripete ancora una volta la solita tiritera sul valore del lavoro, il rispetto dei colleghi e la grande crisi. Succede che, dopo cinque minuti, il computer ti si blocchi e che *(apparire)* _____ sul video un messaggio che ti dice che *(esserci)* _____ un virus, e allora passi il resto della mattina cercando di eliminarlo. Poi scendi a mensa e sono rimaste solo le carote lesse. Capita, certi giorni, di tornare in stanza e trovare il capo che ti comunica che il lavoro che *(consegnare)* _____ la settimana scorsa non è stato accettato dal cliente e che per lunedì deve essere rifatto e quindi addio weekend al mare con gli amici. Succede che, quando speri che ormai certi giorni siano finiti, *(squillare)* _____ il telefono e la vicina ti *(dire)* _____ che le *(scendere)* _____ acqua dal soffitto della cucina. Corri a casa e ti accorgi di avere dimenticato il rubinetto aperto. Capita, in questi giorni, di pensare che *(essere)* _____ meglio rimanere a letto.

Per saperne di più...

3.h

Dopo espressioni come *per fortuna che*, *fortuna che*, *meno male che* si usa sempre l'**indicativo**. Dopo *peccato che* si può usare sia l'indicativo che il congiuntivo.

Meno male che il grande caldo **è finito!**

Peccato che Tommaso **ha / abbia** pochi capelli!

3.i

Dopo sostantivi come *bene, cruccio, difetto, fortuna, guaio, meraviglia, (buon) segno, peccato, problema* il modo dipende dalla costruzione utilizzata.

Con la costruzione **è + articolo indeterminativo + nome + frase secondaria** si usa il **congiuntivo**.

È una fortuna che Roberto **sia** sempre così disponibile con gli studenti.

È un peccato che non ti **abbia conosciuto** prima.

Con la costruzione **articolo determinativo + nome + è che** si usa invece l'**indicativo**.
Questa costruzione si può usare anche con gli aggettivi sostantivati.

Il guaio è che in Italia ci ~~siano~~ **sono** pochi laureati

Il bello è che a Londra i musei ~~siano~~ **sono** gratuiti. (Ma: **È bello che** a Londra i musei **siano** gratuiti.)

3.l

Dopo l'espressione impersonale *mancar(ci) poco che* si usa il congiuntivo, con o senza il *non* pleonastico. (vedi).

Daniela non aveva chiuso occhio tutta la notte, **ci è mancato poco che** (non) **si addormentasse** in classe.

4 Verbi di opinione

Il congiuntivo si può usare dopo verbi che indicano **un'opinione** o **una convinzione** espressa dal soggetto (come *pensare, credere, ritenere, reputare, sostenere, giudicare,* ecc.) o anche dopo espressioni come *essere convinto / persuaso / certo / sicuro*. Dopo questi verbi è però frequente anche l'uso dell'indicativo.

4.a

Normalmente con i **verbi di opinione** l'uso del **congiuntivo**:

- è tipico di una lingua più **elevata** e **controllata**

    *Penso che la questione **sia** particolarmente complessa.*

- sottolinea il valore di **riflessione**, di **valutazione soggettiva**, di opinione frutto di **un'argomentazione complessa**

    *Ritengo che il problema **possa** essere risolto in modo adeguato.*

- è più frequente nelle frasi **negative** e **interrogative dirette**

    *Daniela, supponi che **sia** possibile finire il libro prima dell'estate?*

    *Roberto **non crede** che la grammatica **sia** una disciplina superata.*

- è **obbligatorio** dopo un verbo di opinione al passato (specie all'**imperfetto**) quando si esprime una **convinzione** che si è poi rivelata **sbagliata**

    ***Credevo** che Oscar **fosse** una persona onesta, ma si è rivelato solo un gran cialtrone!*

- è **obbligatorio** quando si omette il *che* dopo un verbo di opinione

    *Penso **sia arrivato** il momento di parlare a quattr'occhi.*

4.b

I verbi *sembrare* e *parere* se usati con il **pronome indiretto** (*mi sembra, gli pare*, ecc.) assumono un significato simile a quello di un verbo di opinione (*penso che...*), e si trovano quindi usati sia con il congiuntivo che con l'indicativo (vedi).

Mi sembra che (= Penso che) *negli ultimi tempi Sonia **è / sia** più rilassata del solito.*

Mi pare che (= Penso che) *Roberto oggi non **sta / stia** bene!*

4.c

L'uso dell'**indicativo** con i verbi di opinione:

- appartiene a una lingua tendenzialmente **meno curata**, ed è più frequente nella **lingua parlata**

    *Qualche volta penso proprio che **ha** ragione Daniela, quando dice che è meglio fregarsene di tutto!*

- **diminuisce il valore d'incertezza e soggettività** proprio dei verbi di opinione. Con l'indicativo si può segnalare che si è convinti della **verità** di quello che si afferma

    *C'è qualcuno che crede che la libertà di opinione e l'uso di internet non **sono** compatibili.*

- **attenua il carattere argomentativo della frase**: in questi casi espressioni come *penso che* o *credo che* hanno un significato simile a *forse* o *probabilmente*

    *Alessandra, credo che **hai** bisogno di prenderti qualche giorno di ferie.*

- è più frequente se il soggetto della frase introdotta dal *che* è la seconda persona singolare *tu*

    *Credo che ormai **hai capito** la gravità della situazione!*

- è obbligatorio dopo **l'imperativo** dei verbi di opinione

    *Helena, **pensa** che tra poco **puoi** ~~possa~~ andartene in ferie!*

Non si usa il **congiuntivo**:

- dopo l'espressione *mi sa che*, usata nella lingua parlata con il significato di *penso che*, *ho l'impressione che*

    ***Mi sa** proprio che Daniela **è** ~~sia~~ di nuovo innamorata! È ancora più distratta del solito...*

- dopo avverbi come *forse*, *magari* (se usato come sinonimo di *forse*) *probabilmente*, e dopo espressioni come *secondo me*, *per me*, *a mio avviso*, *a mio parere*

    ***Forse** Adriano **ha** ~~abbia~~ finalmente **scritto** il libro che lo porterà al successo.*

    ***Secondo me** è ~~sia~~ davvero un bellissimo romanzo.*

4 Verbi di opinione

Se la frase secondaria e il verbo di opinione hanno lo **stesso soggetto** si usa la forma *di* + **infinito**.

Si può usare la forma esplicita (*che* + **congiuntivo**) se si vuole sottolineare una contrapposizione tra il soggetto della frase principale e altri soggetti.

*Penso **di avere trovato** una soluzione a tutti i nostri problemi.*

*Daniela pensa che gli altri non **capiscano** niente e che lei invece **abbia** sempre ragione.*

Dopo i verbi di percezione (*vedere, sentire, accorgersi*), di dichiarazione (*dire, scrivere, raccontare*) e dopo *sapere che* si usa l'indicativo.

***Ho visto** che Daniela **si è tagliata** i capelli.*

*Ti **ho detto** che Roberto **sta scrivendo** un nuovo libro?*

esercizi

1 Dimmi quando, quando, quando!
Completa le frasi con i verbi al congiuntivo presente, imperfetto, passato o trapassato.

1. Tutti gli studenti di italiano pensano che il congiuntivo *(essere)* _____ un mostro… e hanno ragione!!!

2. Adriano ha partecipato alla maratona di New York. All'inizio mi sembrava che *(potere)* _____ farcela, ma è crollato dopo i primi due chilometri!

3. Oggi Helena non viene al lavoro. Ieri è stato il suo compleanno e suppongo che *(bere)* _____ un po' troppo.

4. Non ho mai creduto che Roberto mi *(rubare)* _____ la bicicletta!

5. Credi davvero che Giulia *(essere)* _____ una hippy negli anni '60?

6. Non vorrei essere nei suoi panni! Mi sembra proprio che Roberto *(volere)* _____ licenziarla.

7. Ciao Sonia! Credevo che *(trasferirsi)* _____ già in Francia.

8. Ora basta! Ritengo che *(voi-fare)* _____ già abbastanza esercizi.

2 Opinionando
Ricomponi le frasi, come nell'esempio.

1. Adriano, sei troppo severo con te stesso. Non ti pare…
2. Adriano, sei troppo severo con te stesso. Mi pare che…
3. Perché non risponde ai miei messaggi? Forse…
4. Perché non risponde ai miei messaggi? Credo proprio…
5. Tommaso, finalmente ti sposi! Immagino tu…
6. Tommaso, finalmente ti sposi! Sono sicura che tu…
7. Cosa penso di Arianna? A mio parere…
8. Cosa penso di Arianna? Ritengo che…

a. ci abbia riflettuto bene prima di prendere questa decisione!
b. di esagerare?
c. ci hai riflettuto un bel po' prima di decidere!
d. è la ragazza più carina di tutta la scuola!
e. ha problemi con il telefonino!
f. tu stia esagerando!
g. abbia problemi con il telefonino!
h. sia la ragazza più irascibile di tutta la scuola!

1/ *b* - 2/__ - 3/__ - 4/__ - 5/__ - 6/__ - 7/__ - 8/__

esercizi

3 Il congiuntivo è morto?
Completa i testi con i verbi all'indicativo o al congiuntivo.

Daniela Mancini — Senior Member
DOMANDA SONDAGGIO:
Il congiuntivo è morto? E, se non è morto, come sta? Cosa ne pensate????
Mercoledì alle 13.30

Agata — Senior Member
Daniela, per quanto riguarda me, ritengo che *(stare)* _____ benissimo! Secondo me, dal punto di vista scolastico, il congiuntivo *(vivere)* _____ ancora.
Mercoledì alle 13.34

David — Junior Member
Daniela... forse *(avere)* _____ qualche problemino di salute!
Mercoledì alle 13.40

Susanna — Senior Member
Non è morto, rimarrà in vita solo perché lo usiamo noi (pochissimi) e i nostri studenti ☺! Credo proprio che *(esserci)* _____ intere generazioni di stranieri che parlano e scrivono un italiano bellissimo ☺
Mercoledì alle 13.41

Nicolle — Junior Member
Daniela, per me il congiuntivo è un incubo. Spero che *(morire)* _____ il prima possibile!!!
Mercoledì alle 13.45

Roberto — Senior Member
Sia chiaro: comunque la pensiate (e per quanto lo si difenda affinché sopravviva), volesse la madonna che non fossimo più costretti a parlare del fatto che sia vivo o che sia morto. Fosse solo un'ossessione? Marx è morto, il congiuntivo è morto e anch'io mi sento così così! In altre parole, mi sembra che *(andare)* _____ alla grande!
Mercoledì alle 14.01

Adriano — Junior Member
Immaginavo *(morire)* _____ già da un po'. Tanto che se dovessi dire qualcosa usando il congiuntivo, non saprei proprio cosa scrivere.
Mercoledì alle 15.03

Tommaso — Senior Member
Mi sa che, se non è morto, lo *(ammazzare)* _____ io!
Ieri alle 5.33

Verbi di opinione

4 Cogito ergo sum!
Completa le frasi con i verbi al congiuntivo e/o all'indicativo.
In alcuni casi è possibile usarli entrambi.

1. Credevo davvero che Tommaso mi *(amare)* _____, ma mi sbagliavo di grosso.

2. Dai, Daniela, non essere così triste! E pensa che domani *(essere)* _____ un altro giorno!

3. Mi sa proprio che Arianna e Matilde non si *(potere)* _____ vedere!

4. È solo una nostra impressione che Roberto ultimamente *(arrabbiarsi)* _____ per tutto?

5. Mi è appena venuto in mente che oggi *(io-dovere)* _____ finire quel progetto.

6. Mi pare che Tommaso *(proporre)* _____ sempre cose a dir poco bizzarre!

7. Nel Medioevo gli uomini credevano che il sole *(girare)* _____ intorno alla terra.

8. Cosa penso di Giulia? A mio parere *(lei-studia)* _____ troppo e non *(godersi)* _____ la vita!

9. Scusami! Mi dispiace molto per quello che è successo, ma considera che lo *(io-fare)* _____ solo a fin di bene.

10. È convinzione comune che gli italiani non *(amare)* _____ particolarmente l'ordine e la disciplina.

11. Immagino che questo libro di ricette vegane *(appartenere)* _____ ad Arianna.

12. Come fa Helena ad avere così tanti ammiratori? Forse li *(lei-sedurre)* _____ con quei suoi occhioni blu!

13. Ti ho detto che oggi Sonia *(fare)* _____ 40 anni?

14. Ho l'impressione che nel nord Europa tutti *(togliersi)* _____ le scarpe prima di entrare in casa.

esercizi

5 **Gli uomini vengono da Marte, le donne da Venere!**
*Daniela e Tommaso sono andati a cena insieme. Trascrivi i loro pensieri usando verbi ed espressioni di opinione come **pensare**, **ritenere**, **supporre**, **secondo lui/lei**, **a suo avviso**, ecc., come nell'esempio.*

- Stasera Tommaso è particolarmente carino...
- Quest'anno la Roma va alla grande!
- Sembra più giovane...
- Però anche la Lazio sta facendo un buon campionato. Dobbiamo stare attenti!
- Ultimamente si è anche dimagrito...
- In questo ristorante fanno gli gnocchi al gorgonzola più buoni del mondo!
- E si è messo una camicia nuova per venire a cena con me: gli sta benissimo...
- E poi quella cameriera è uno schianto!
- Forse Tommaso mi ha invitato a cena per dirmi che è interessato a me...
- Daniela stasera ha un'aria strana!
- Forse mi ama...
- Forse ha fame!
- No! Tommaso è un Don Giovanni. Vuole solo un'avventura...
- Mi sa che è il caso di farle un complimento: con le donne funziona sempre, si rilassano!
- È il solito maschilista...
- Dani, stasera sei davvero carina!
- IDIOTA!

Daniela pensa che Tommaso sia particolarmente carino...

Secondo Tommaso, la Roma sta andando alla grande...

Verbi di opinione

6 Umberto Eco e il congiuntivo
Leggi due brani tratti da Il nome della rosa di Umberto Eco.

a. Aprii un altro libro, e questo mi parve di scuola ispanica. I colori erano violenti, i rossi parevano sangue o fuoco. Era il libro della rivelazione dell'apostolo, e caddi ancora una volta, come la sera prima, sulla pagina della mulier amicta sole. Ma non era lo stesso libro, la miniatura era diversa, qui l'artista aveva insistito più a lungo sulle fattezze della donna. Ne paragonai il volto, il seno, i fianchi flessuosi alla statua della Vergine che avevo visto con Ubertino. Il segno era diverso, ma anche questa mulier mi apparve bellissima. Pensai che non dovevo insistere su questi pensieri, e voltai alcune pagine. Trovai un'altra donna, ma questa volta era la meretrice di Babilonia. Non mi colpirono tanto le sue fattezze ma il pensiero che anch'essa era una donna come l'altra, eppure questa era vascello di ogni vizio, quella ricettacolo di ogni virtù. Ma le fattezze erano muliebri in entrambi i casi, e a un certo punto non fui più capace di capire cosa le distinguesse. Di nuovo provai una agitazione interna, l'immagine della Vergine della chiesa si sovrappose a quella della bella Margherita. "Sono dannato!" mi dissi.
O: "Sono pazzo." E decisi che non potevo più restare nella biblioteca.

b. Il fatto singolare è che Salvatore mi raccontò questa storia come se si trattasse di una virtuosissima impresa. E infatti rimaneva convinto che la folla dei pastorelli si era mossa per conquistare il sepolcro di Cristo e liberarlo dagli infedeli, e non mi fu possibile fargli credere che questa bellissima conquista era già stata fatta, ai tempi di Pietro l'Eremita e di santo Bernardo, e sotto il regno di Luigi il santo di Francia.

(Umberto Eco, Il nome della rosa © 1980/2013 Bompiani/ RCS Libri S.p.A.)

In ognuno di questi due brani ci sono due casi in cui l'autore, in dipendenza da un verbo o un sostantivo di opinione, poteva usare il congiuntivo e invece ha usato l'indicativo. In quale punto dei testi?

a.
1.
2.

b.
1.
2.

esercizi

7 Italiani brava gente!
Completa il testo con i verbi all'indicativo o al congiuntivo.

Qual è l'immagine che gli stranieri hanno degli italiani?
Ecco quali pregi, difetti e manie ci vengono attribuite in tutto il mondo.

Berlino
Se gli italiani pensano che il tedesco tipico *(indossare)* _____ calzoni corti color kaki, calzettoni di spugna bianchi a metà polpaccio e sandali, l'italiano visto dai tedeschi *(portare)* _____ occhiali da sole extra large, uno o due telefonini in mano e una *mise* sempre impeccabile.

Istanbul
Le donne turche adorano il maschio italiano perché "sa fare l'amore con gli occhi": una specie da proteggere. L'uomo turco invece la pensa un po' diversamente: per lui il maschio italiano *(apparire)* _____ troppo curato. Lo definisce "uomo di velluto", uno che passa davanti allo specchio più tempo di Paris Hilton. E pensa anche che *(essere)* _____ appiccicoso: uno che corteggia tutte le donne che respirano ma che alla fine ama solo la mamma. Insomma, dietro gli occhiali da sole (firmati), il nulla.

Melbourne
Abituati ai grandi spazi, agli australiani sembra che gli italiani *(avere)* _____ uno stile di guida nevrotico e convulso. Quando un australiano dice di voler visitare l'Italia prendendo un'auto a noleggio, gli altri pensano che non *(lui-rendersi)* _____ conto di quello che l'aspetta, come se stesse andando in vacanza a Baghdad.

Mosca
A Mosca gli italiani godono di un pregiudizio di favore crescente, mentre sono in ribasso i luoghi comuni come "mafia & maccheroni", o il caro vecchio "pizza, pasta e mandolino". Ma l'idea comune che tutti gli italiani *(gesticolare)* _____ ininterrottamente è incrollabile!

New York
Se ti chiami Guido, cambia nome appena arrivi a New York! Infatti, questo è il nome con cui i newyorkesi identificano il tipico italo-americano che, secondo l'opinione comune, *(gesticolare)* _____, *(parlare)* _____ a voce alta, *(portare)* _____ collane d'oro, *(usare)* _____ troppo gel e *(comportarsi)* _____ come un latin lover. Eppure le americane trovano che l'uomo italiano *(essere)* _____ attraente, sexy, arrogante al punto giusto, elegante, amante della vita, generoso e che, ovviamente, non *(parlare)* _____ una parola d'inglese.

da *panorama.it*

Per saperne di più...

L'uso del congiuntivo si alterna con l'indicativo anche dopo espressioni impersonali riflessive come *mettersi in testa / in mente che, togliersi / levarsi di mente*, o dopo espressioni con il pronome indiretto come *passare per la testa che, togliere di mente*. L'uso dell'indicativo mette in risalto che il contenuto della frase secondaria è dato come vero.

Dopo *venire in mente* e *uscire di mente* è possibile usare solo l'indicativo.

Enrico si era messo in testa che Daniela lo **tradisse / tradiva** *con il batterista.*

Ti è mai passato per la testa che Roberto **era / fosse** *un agente segreto?*

Le è venuto in mente che Roberto ~~**avesse**~~ **aveva** *il libro che le serviva*

Mi è uscito completamente di mente che ~~**avessimo**~~ **avevamo** *un appuntamento stasera!*

Il congiuntivo si può usare anche dopo sostantivi che indicano un'opinione (come *certezza, consapevolezza, coscienza, convinzione, credenza, conclusione, idea, impressione, opinione, persuasione, pensiero*, ecc.).

Se questi nomi sono posti **dopo** la copula *è* il congiuntivo è **obbligatorio**.

*Roberto è dell'****idea*** *che un compromesso* **è / sia** *indispensabile.*

È una mia impressione *che Sonia* **sia** *preoccupata.*

Frasi interrogative indirette

##

Una frase interrogativa, o **domanda diretta**, è una frase **principale** conclusa da un **punto interrogativo (?)**. Nella lingua parlata si riconosce per la sua **intonazione**.

Adriano è laureato?

Daniela è sposata?

Una frase interrogativa indiretta, o **domanda indiretta**, è una frase **secondaria** che dipende da una frase principale con un verbo, un aggettivo o un nome di domanda, dichiarazione, dubbio, conoscenza.

*Mi chiedo se Adriano **è** / **sia** laureato.*

*Dubito che Daniela **è** / **sia** sposata.*

Le frasi interrogative indirette possono dipendere per esempio da:
- **verbi** come *dire, raccontare, affermare, sapere, spiegare, pensare, credere*
- **verbi** come *ipotizzare, scommettere, indovinare*
- **verbi** come *percepire, vedere, sentire, rendersi conto, guardare, osservare*
- **verbi** come *dubitare, ignorare, non sapere*
- **verbi** come *domandare, domandarsi, chiedere, chiedersi, interrogare, interrogarsi, indagare, informarsi*
- **nomi** o **aggettivi** corrispondenti a questi verbi come *domanda, dubbio, incertezza, problema, questione; incerto, dubbioso, indeciso*

5.b

Le domande indirette sono introdotte da **pronomi** e **aggettivi interrogativi** (*quale, chi, che cosa, quanto, …*) o **avverbi interrogativi** (*come, perché, dove, quando…*), anche preceduti da **preposizioni** (*con chi, da dove,* ecc.).

Se la corrispondente domanda diretta ammette come risposta solo *sì* o *no*, **la domanda indiretta** è introdotta da *se*.

*Non so **quale** genere di film **preferisce** / **preferisca** Roberto.*

*Mi chiedo **perché** Daniela **ritarda** / **ritardi** tanto…*

*Mi domando **da** dove **deriva** / **derivi** il suo malessere.*

Domanda diretta
Helena è svedese?
risposta possibile: *sì* o *no* → *se*

Domanda indiretta
*Mi chiedo **se** Helena **è** / **sia** svedese.*

Quando nelle domande dirette troviamo l'indicativo (o il condizionale), nelle corrispondenti domande **indirette** è possibile usare l'**indicativo** (o il condizionale) oppure il **congiuntivo**.
In questo caso l'uso del **congiuntivo** corrisponde ad una lingua più **formale** e può esprimere l'**incertezza**, lo **stupore**, l'**incomprensione** da parte di chi formula la domanda.

Domanda diretta
Perché hanno eletto quel criminale?

Domanda indiretta
*Non capisco perché **hanno / abbiano eletto** quel criminale.*

L'uso del congiuntivo nelle interrogative indirette è più frequente:
- se la **frase principale** è **negativa**

- se l'interrogativa indiretta **precede** la frase principale

- se l'interrogativa indiretta è introdotta da un **verbo che regge il congiuntivo**

***Non** so perché Tommaso **abbia cambiato** casa.*

*Chi **sia** il nuovo ragazzo di Alessandra, nessuno lo sa.*

*Volevo capire perché Alessandra **avesse deciso** di cambiare lavoro.*

Nelle frasi interrogative **indirette** introdotte da **verbi di dichiarazione** (come *dire*) **e di percezione** (come *vedere*) si può usare solo l'indicativo.

Se questi verbi sono usati in **forma negativa** è possibile usare anche il congiuntivo.

*Roberto mi ha detto chi ~~fosse~~ **era** il suo amico inglese.*

*Roberto **non** mi ha mai detto chi **era / fosse** il suo amico inglese.*

Frasi interrogative indirette

 5.f

Se la frase principale ha lo stesso soggetto dell'interrogativa indiretta, è possibile usare l'**infinito** nella frase secondaria. In questo caso la domanda indiretta ha un valore **dubitativo** e **modale**.

*Mi chiedo **cosa** fare domani sera.*
(= cosa posso fare)

*Non so **se andare** alla festa.*
(= se voglio / posso / devo andare)

 5.g

Nelle interrogative indirette è possibile usare il **condizionale**, quando si usa nelle corrispondenti domande dirette o quando è richiesto dalla concordanza dei tempi.

Domanda diretta
Verresti al cinema?
Domanda indiretta
*Non so se **verrebbe** al cinema con me.*

Domanda diretta
Che cosa avresti fatto al posto di Daniela?
Domanda indiretta
*Mi chiedo che cosa **avresti fatto** al posto di Daniela.*

Domanda diretta
Comprerai quella casa?
Domanda indiretta
*Gli chiesi se **avrebbe comprato** quella casa.*

esercizi

1 **Domandare è legittimo...**
Trasforma le domande nella forma indiretta, come nell'esempio.

5.a 5.b 5.c

Roberto domanda a Daniela: "Chi è il tuo filosofo preferito?"
Roberto domanda a Daniela chi sia il suo filosofo preferito.

1. Daniela ha chiesto a Tommaso: "Hai scelto il titolo per il tuo libro?"

2. Tommaso ha domandato a Arianna: "Pensi di aver fatto la scelta giusta?"

3. Arianna domanda ad Adriano: "Perché non hai studiato informatica?"

4. Adriano ha chiesto a Matilde: "Puoi spiegarmi i verbi pronominali?"

5. Matilde domanda sempre a Sonia: "Secondo te, esistono gli alieni?"

6. Sonia ha domandato ad Alessandra: "Credi che io sia ingenua?!?"

7. Alessandra chiede a Helena: "Ti piace vivere in Italia?"

8. Helena ha chiesto a Giulia: "Sai come si chiamava il primo re di Roma?"

9. Giulia ha domandato ripetutamente a Roberto: "Dove sei stato ieri sera?!?"

10. Roberto domandava agli studenti: "È tutto chiaro?!?"

esercizi

2 Ci vuole ordine!

Ricostruisci le frasi, come nell'esempio.

all'università / a diciott'anni / cosa volessi studiare / di / non avevo idea
A diciott'anni non avevo idea di cosa volessi studiare all'università.

1. Salvatore / della sua vita / continua a chiedersi / Sonia / l'uomo della sua vita / davvero / se / sia

   _____

2. a casa di Helena / mi domando / ieri sera / la festa / come sia andata

   _____

3. Giovanna / Milano / non so / si sia trasferita / a / perché

   _____

4. intende accertare / quanti italiani / questo sondaggio / di volare / abbiano paura

   _____

5. non ricorda / la macchina / dove / Daniela / abbia parcheggiato

   _____

6. non so / per il mio compleanno / valga la pena / se / a Roma / tu venga / che

   _____

7. mi / la sua autobiografia / perché / è sempre stato / non / capire / Roberto / difficile / abbia scritto

   _____

8. le nuvole / da bambino / chi fabbricasse / sempre / mi sono chiesto

   _____

Frasi interrogative indirette 5

Ora riformula le domande nella forma diretta, come nell'esempio.

A diciott'anni non avevo idea di cosa volessi studiare all'università.
Cosa voglio studiare all'università?

1. _____
2. _____
3. _____
4. _____
5. _____
6. _____
7. _____
8. _____

esercizi

3 Dubbi amletici

Trasforma le domande dirette in domande indirette usando il congiuntivo o l'infinito, come nell'esempio.

"Cosa significa questo strano geroglifico?", Giulia non riesce a capirlo.

a. *Giulia non riesce a capire cosa significhi questo strano geroglifico.*

Paola si chiede: "Perché il treno non parte?".

b. _____

_____

_____

I due turisti si domandano: "Dov'è la fermata della metro più vicina?"

c. _____

_____

_____

"Come funziona la concordanza dei tempi in latino?", lo studente non lo ricorda.

d. _____

_____

_____

"Cosa faccio stasera?", Daniela non l'ha deciso.

e. _____

_____

_____

"Come è potuto succedere tutto questo?", non lo so.

f. _____

_____

_____

Frasi interrogative indirette

4 Prima il dovere e dopo il piacere!
Completa il cruciverba e poi ordina le parole per formare una frase interrogativa indiretta.

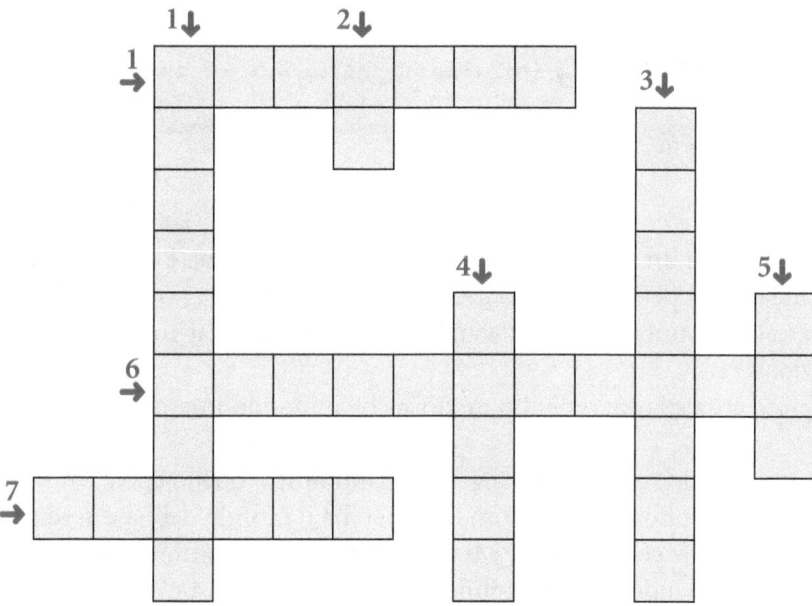

Orizzontali →
1. Indicativo presente, prima persona singolare di *capire*.
6. Il modo verbale più elegante della lingua italiana.
7. Avverbio interrogativo di causa.

Verticali ↓
1. Avere la conoscenza, sapere.
2. Articolo determinativo, maschile singolare.
3. Congiuntivo presente, terza persona plurale di *volere*.
4. Qualsiasi persona.
5. Negazione.

Qual è la frase nascosta? Metti in ordine le parole del cruciverba e scoprila!

_____

_____

esercizi

5 Caro diario…
Leggi il testo e trasforma le domande indirette nella forma diretta, come nell'esempio.

HOME   CHI SONO   IL SITO

 **il mio blog** (mi chiamo Maria, ho 43 anni)

5 MAG

Caro diario,
stiamo vivendo in un periodo storico tremendo! Stamattina è stata dichiarata l'ennesima guerra per il controllo del petrolio, nel pomeriggio il governo è caduto a causa di uno scandalo sessuale e in serata mio marito mi ha chiesto il divorzio.
Non capisco cosa stia succedendo, sembra che il mondo intero stia andando a rotoli!
Mi domando quale sia il senso della vita quando tutto quello che c'è intorno porta tristezza e sofferenza. Mi domando perché il mondo debba essere così ottuso e insensibile con se stesso. Mi domando dove siano finiti i sogni dei bambini. Mi domando se sia possibile superare quest'epoca di distruzione. Mi domando chi siano i responsabili di tutto ciò. Mi domando tante cose, ma non trovo mai risposte.
Caro diario, sono così confusa! Non riesco a spiegare esattamente cosa passi nella mia testa in questo momento, ma spero che un giorno qualcuno potrà spiegarmelo.

Buonanotte

1. *Cosa sta succedendo?*
2. _____
3. _____
4. _____
5. _____
6. _____
7. _____

Frasi interrogative indirette

6 L'interrogatorio

Due carabinieri sono andati da Helena e le hanno fatto delle strane domande riguardanti la sua amica Arianna.
Completa il racconto che Helena fa ad Adriano il giorno seguente.

Helena: Adriano, devo assolutamente dirti cosa *(succedere)* _____ ieri! Due carabinieri sono venuti in ufficio per sapere se Arianna Fiordimatti *(lavorare)* _____ da noi l'anno scorso. Naturalmente ho risposto di sì e loro hanno cominciato a farmi un sacco di domande strane.

Adriano: E tu cosa gli *(rispondere)* _____?

Helena: Sinceramente non sapevo cosa *(io-dire)* _____! Volevano sapere da quanto tempo la *(io-conoscere)* _____, che lavoro *(lei-fare)* _____, che tipo di gente *(lei-frequentare)* _____ e, soprattutto, se *(lei-avere)* _____ degli animali domestici. Visto che non avevo la minima idea di cosa *(succedere)* _____, né del perché mi *(loro-fare)* _____ queste domande, ho detto cosa *(io-sapere)* _____. Ma ho cercato di non dire dove *(loro-potere)* _____ trovarla! Mi chiedo cosa *(lei-combinare)* _____ di così grave!
Tu *(sapere)* _____ qualcosa di questa storia?

Adriano: E certo! I carabinieri sono venuti anche da me e, dopo l'interrogatorio, gli ho chiesto perché mi *(loro-domandare)* _____ tutte quelle informazioni.

Helena: E loro ti hanno spiegato perché *(loro-indagare)* _____ su Arianna?

Adriano: Sì, mi hanno raccontato tutto. Beh… sai che Arianna è un'animalista radicale, no? Bene, mi hanno detto che qualche giorno fa Arianna *(aggredire)* _____ un vecchietto perché *(lui-pestare)* _____ involontariamente un paio di formiche!

esercizi

7 Così le parole cambiano il mondo, di Roberto Saviano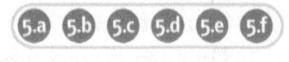
Coniuga i verbi tra parentesi all'indicativo o, quando è possibile, al congiuntivo.

Spesso mi si chiede come *(essere)* _____ possibile che delle parole *(potere)* _____ mettere in crisi organizzazioni criminali potenti, capaci di contare su centinaia di uomini armati e su capitali forti. E come *(essere)* _____ possibile - questa domanda mi viene ripetuta spessissimo, soprattutto all'estero - che uno scrittore *(potere)* _____ mettere in crisi organizzazioni capaci di fatturare miliardi di euro l'anno e di dominare territori vastissimi?

Quel che spaventa è che qualcuno *(potere)* _____ d'improvviso avere la possibilità di capire come vanno le cose. Avere gli strumenti che svelino quel che sta dietro. E soprattutto avere la possibilità di percepire determinate storie come le proprie storie. Non più come storie lontane, non più come vicende geograficamente distanti, ma come facenti parte della propria vita. Allora ciò che più temono le organizzazioni criminali non *(essere)* _____ soltanto la luce continua che gli viene posta addosso, ma soprattutto che migliaia, forse milioni di persone in Italia e nel mondo, *(potere)* _____ sentire le loro vicende e il loro destino come qualcosa che riguarda tutti.

Molti chiedono a chi si pone contro le organizzazioni criminali perché lo *(fare)* _____. C'è un corridore, un atleta, un recordman dei cento metri, a cui hanno chiesto una volta perché *(decidere)* _____ di correre. E la sua risposta è la risposta che io do a me stesso e a chi ogni volta mi chiede perché *(io-occuparsi)* _____ di certi temi e perché *(io-continuare)* _____ a vivere questa vita infernale. A questo corridore chiesero: "Ma perché *(tu-correre)* _____?" E lui rispose: "Perché io *(correre)* _____? ...e perché tu *(fermarsi)* _____?".

Anche a me piace rispondere così. Quando mi chiedono perché racconto, rispondo semplicemente: "...e perché tu non *(raccontare)* _____?"

da repubblica.it

Roberto Saviano avrebbe potuto usare il congiuntivo in due altre domande indirette. Quali?

Per saperne di più...

5.h

Dopo i verbi di **percezione** e **dichiarazione** (come *sentire, vedere, dire, raccontare, dichiarare*, ecc.) in una frase secondaria **non** si può, normalmente, usare il **congiuntivo**.

*Quest'estate Adriano ha visto che New York ~~sia cambiata~~ **è cambiata** rispetto a vent'anni fa.*

*Roberto ci ha raccontato perché ~~avesse trascorso~~ **aveva trascorso** sei mesi in Africa.*

Con questi verbi è però possibile usare il **congiuntivo**
- in dipendenza da una negazione, anche in una **domanda indiretta**

*Luca **non** ci ha raccontato perché **aveva deciso / avesse deciso** di trasferirsi a Bologna.*

- in una domanda indiretta introdotta da *come* (tranne che con *dire*)

*Roberto ci ha raccontato di **come** da giovane **avesse trascorso / aveva trascorso** sei mesi in Africa.*

Queste domande indirette con *come* sono **più espressive** e **meno distanziate** delle corrispondenti frasi con *che*.

*Quest'estate Adriano ha visto come **sia cambiata / è cambiata** New York rispetto a vent'anni fa.*

Iniziamo a ripassare...

1 **A spasso nel tempo**
Completa le frasi con i verbi.

1. Roberto è sbadato! Non aveva la minima idea che quel giorno *(essere)* _____ il tuo compleanno.

2. Roberto è assurdo! Non aveva la minima idea che il giorno prima *(essere)* _____ il compleanno di Giulia.

3. Roberto è proprio un mostro! Non aveva la minima idea che il giorno dopo *(essere)* _____ il mio compleanno!

4. Stamattina la sveglia non ha suonato! Quando sono uscita di casa temevo che il treno *(partire)* _____ già.

5. Quando sono arrivata alla stazione pensavo che *(essere)* _____ tardi, e invece il treno era ancora lì.

6. Ho aspettato per 30 minuti sul treno in stazione. Non avevo ancora capito che era rotto e che non *(partire)* _____ mai!

7. Quando Helena ha conosciuto Arianna non immaginava che lei *(essere)* _____ un'animalista così radicale.

8. Quando Helena ha conosciuto Arianna non immaginava che *(loro-diventare)* _____ così tanto amiche.

9. Quando Helena ha conosciuto Arianna non immaginava che qualche anno prima *(lei-avere)* _____ una breve storia con Silvio!

10. Alessandra era molto preoccupata quando ti ha visto così triste a causa di Marco. Si è domandata cosa *(succedere)* _____!

11. Alessandra era molto contenta di vederti così felice! Pareva che tu *(stare)* _____ molto meglio dopo il periodaccio che hai passato a causa di Giorgio.

12. Alessandra era terrorizzata! Quando hai rotto con Fabio, aveva paura che, prima o poi, *(tu-fare)* _____ una pazzia!

2 Roberto parla con Tommaso delle prossime elezioni
Leggi il testo.

> Domenica è il grande giorno. Ci sono le elezioni. Sono sicuro che questa volta ce la faremo. Sono convinto che il mio partito sia pronto. Pare che Ganascioni controlli quasi tutti i mezzi di comunicazione e l'informazione, ma penso che ormai la gente abbia capito chi sono veramente quei tipi al potere che ci hanno governato in tutti questi anni. Tutti si sono certamente resi conto che Ganascioni e i suoi amici vogliono solo difendere i propri interessi, arricchirsi e risolvere i loro problemi con la giustizia. Mi domando perché le televisioni continuino a ripetere i soliti slogan e i telegiornali diano una rappresentazione del tutto falsata della realtà! Questa volta la gente non si farà ingannare come le altre volte e li manderà a casa. Quando Ganascioni non sarà più al governo, finalmente potremo costruire un sistema scolastico più giusto, l'università avrà più finanziamenti, non ci saranno più pensioni da fame. E non ci vergogneremo più di essere rappresentati nel mondo da un gruppo di pagliacci.

Un anno dopo, Roberto incontra Tommaso
Cambia il tempo dei verbi del testo che hai appena letto.

> Ti ricordi? Quella domenica _____ il grande giorno. _____ le elezioni. _____ convinto che il mio partito _____ pronto. Pareva che Ganascioni _____ quasi tutti i mezzi di comunicazione e l'informazione, ma _____ che ormai la gente _____ chi _____ veramente quei tipi al potere che ci _____ in tutti quegli anni. Credevo che tutti _____ certamente conto che Ganascioni e i suoi amici _____ solo difendere i propri interessi, arricchirsi e risolvere i loro problemi con la giustizia. Mi domandavo perché le televisioni _____ a ripetere i soliti slogan e i telegiornali _____ una rappresentazione del tutto falsata della realtà, speravo che la gente non _____ ingannare come le altre volte e li _____ a casa. Speravo che quando Ganascioni non _____ più al governo, finalmente _____ costruire un sistema scolastico più giusto, l'università _____ più finanziamenti, non ci _____ più pensioni da fame. E non ci _____ più di essere rappresentati nel mondo da un gruppo di pagliacci. E invece hanno vinto di nuovo e sono ancora al potere!

3 In pubblicità il sesso è poco sexy, di Piero Ottone
Completa il testo con i verbi.

Leggo in una rivista straniera che il sesso, come esca pubblicitaria, non *(attirare)* _____ più. Che bella notizia! E spero di non essere frainteso. Non sono mosso, ve lo assicuro, da alcuna fobia. La pubblicità, nella giusta misura, *(allietare)* _____ la vita, a parte l'utilità dell'informazione che essa fornisce su ciò che possiamo acquistare. E lo dico per esperienza diretta, perché in tempi lontani *(trascorrere)* _____ vari mesi nell'Unione Sovietica, e ricordo quanto fossero tristi le strade e le piazze di Mosca, prive di insegne luminose, mentre Times Square, a New York, era già allora un tripudio di luci. Quanto poi al sesso, che *(allietare)* _____ la vita lo ricordo benissimo, e so che non *(occorrere)* _____ dimostrarlo. Sono anzi contento che *(cadere)* _____ le ritrosie, le timidezze, le ipocrisie di un passato, tutto sommato, abbastanza recente. Ma, nella somministrazione di pubblicità, come in quella di immagini sessuali, non bisogna esagerare. E invece, come si esagera quando i famosi spot pubblicitari si infilano nei programmi televisivi più delicati e sensibili, talvolta anche tragici, mortificandoli, così si esagera quando si *(ricorrere)* _____ a immagini o battute di carattere sessuale per promuovere prodotti che con il sesso non hanno proprio alcun rapporto. Questo tipo di pubblicità a sfondo sessuale presuppone un pubblico immaturo, adolescenziale, che guarda a bocca aperta, estatico, quando gli si presenta la figura di una ragazza discinta? Forse. Se ora gli esperti si accorgono che la maggioranza dei consumatori, ai quali la pubblicità si rivolge, tanto immaturi non *(essere)* _____, ne sono felice.
Spero adesso che si *(fare)* _____ qualche altro passo avanti. Mi auguro, per esempio, che non ci *(mostrare)* _____ più, alla televisione, l'immagine di persone che, assaporando un prodotto, alzano gli occhi al cielo, in estasi, mugolando «uhh», per indicare che il prodotto piace: il messaggio mi sembra infantile, e la smorfia disdicevole. E poi vorrei, ma forse chiedo troppo, che a coloro i quali fanno i film si *(spiegare)* _____, e che loro *(convincersi)* _____, che molti di noi, forse la maggioranza, saremmo disposti ad andare al cinema per vedere un film, purché bello, anche se non vi figurasse la scena di un accoppiamento sessuale fra esseri umani, poco importa di quale genere. Questo semplificherebbe per chi li fa, ne sono sicuro, la produzione del film medesimo. E *(risparmiare)* _____ a noi spettatori tante scene, tutto sommato, brutte e noiose.

tratto da *Vizi & Virtù* di IL VENERDÌ DI REPUBBLICA

4. Paura, come combattere la malattia del nostro tempo

Completa il testo con i verbi.

Ho cominciato a riflettere su quanto la paura – ma sarebbe più accurato parlare di ansia – *(influenzare)* _____ la nostra vita, amareggiandola e peggiorandola nella qualità quotidiana.

Vent'anni fa, quando ebbi il primo attacco di panico su un volo di ritorno dal Canada, la società ancora non parlava apertamente di questo disturbo e la gente intorno a me liquidava la questione come un fattore legato allo stress, mentre alcuni temevano che *(io-diventare)* _____ matta.

Col passare del tempo, sempre più persone hanno cominciato a uscire allo scoperto parlandone liberamente, ciononostante il fenomeno – presente ad ogni età – non *(accennare)* _____ a diminuire.

Sara da giovane si buttava col paracadute e in deltaplano, adesso non guida più in autostrada, per timore che *(potere)* _____ sopraggiungere, improvvisa, una crisi d'ansia. Daria invece non frequenta i luoghi affollati perché si sente mancare l'aria e Marta difficilmente resta da sola perché teme di non *(ricevere)* _____ aiuto immediato "se dovesse capitarle qualcosa".

La paura e l'ansia sono spesso associate alle debolezze femminili, ma anche l'universo maschile non ne è immune: Marco, quando *(sentire)* _____ un formicolio al braccio e un senso insopportabile di soffocamento lo attanaglia, vola al pronto soccorso per essere rassicurato che non si tratti di infarto. Johan, un vecchio studente svedese, ingegnere di successo, preferisce guidare trenta ore di fila invece di prendere l'aereo per raggiungere l'Italia.

L'aumento di quella vaga, indistinta sensazione di inquietudine è acuito, oltre che da uno stile di vita sempre più lontano dalla propria natura, dalla strategia del terrore in atto da parte di media e informazione.

Chi non ricorda quando, alle porte del 2000, non si *(parlare)* _____ d'altro che di millennium bug e dei possibili black out di intere città? Al telegiornale, la maggior parte delle notizie sono legate a morte o fatti violenti non necessariamente meritevoli di rilevanza nazionale.

Lo studiato sensazionalismo linguistico, costellato da parole come "terrore", "shock", "dramma", "fulminante", ha finito per tenere la nostra vita in costante stato di preallarme, convincendoci che il pericolo *(essere)* _____ ovunque e imminente. Un popolo terrorizzato è un popolo più vulnerabile, ergo manipolabile.

da *il fattoquotidiano.it*

5 "Dolce per sé", di Dacia Maraini
Completa il testo con i verbi.

Cara Flavia,
l'ultima lettera che ti *(io-scrivere)* _____ è rimasta interrotta. Intanto sono passati nove mesi. Pensavo di non scriverti più, e invece eccomi di nuovo qui con carta e penna. È curioso che fra tutte le persone che conosco io *(avere)* _____ voglia di parlare soprattutto con te. Siamo così lontane negli anni, Flavia, che se tu provassi a misurare coi passi lo spazio che ci separa, potresti camminare tre giorni e tre notti e ancora non avresti calcolato tutta la distanza che ci separa.
Eppure mi sembra che da questa distanza, per qualche misteriosa alchimia ottica, io ti *(vedere)* _____ proprio vicina come se tu fossi a pochi centimetri dal mio naso. E il vederti accanto mi rallegra, mi dà voglia di parlarti come parlerei ad un'altra me stessa invisibile e segreta.
[…] Ieri ho avuto a colazione tuo zio Edoardo assieme alla sua nuova fiamma, la bella Margherita dagli occhi neri liquidi. Sono contenta di vederlo contento.
"E Flavia?" ho chiesto.
"Pensa solo agli animali. Si addolora quando *(lei-vedere)* _____ un cane abbandonato, un uccello ferito. Se continua così avrà un avvenire pieno di pene." L'ha detto come se per una ragazza anche bella, l'eccessivo amore per gli animali potesse costituire un impaccio nei rapporti con gli uomini.
"Ho paura che *(cascare)* _____ nel buonismo" ha detto bevendo del vino rosso.
"Ma cos'è il buonismo?"
"Fingere una bontà che non si prova."
"Ti sembra che *(lei-fingere)* _____?"
"No, che *(lei-soccombere)* _____ a una moda."
"La bontà può essere una moda?"
"Sì, se è un vestito che si indossa per infatuazione estetica."

da *Dolce per sé*, Rizzoli, 1997

Frasi finali e concessive 6

Le **frasi finali** indicano la finalità, lo scopo, l'intenzione della frase principale.

Le frasi finali esplicite sono introdotte da *perché*, *affinché* o dal poco comune *acciocché*.

Dopo queste congiunzioni **il congiuntivo è obbligatorio**. Questa costruzione è più frequente nella lingua formale e scritta.

*Il medico ha imposto a Daniela una dieta rigidissima **perché** finalmente **dimagrisca**.*

*È stato trovato un accordo **affinché** nessun lavoratore **sia** licenziato.*

Attenzione al diverso significato di *perché*: con l'**indicativo** ha un valore **causale** (indica cioè la causa per cui avviene il fatto espresso dalla frase principale), con il **congiuntivo** ha un valore **finale**.

In un registro linguistico elevato si usa il congiuntivo anche in frasi **causali negative** se si vuole esprimere la **causa fittizia**, a cui, normalmente, segue la **causa reale** con il verbo all'indicativo.

Frase causale
*Ti ho raccontato la mia storia perché tu mi **capisci**.*
(Sono sicuro della tua comprensione e ho quindi deciso di confidarmi)

Frase finale
*Ti ho raccontato la mia storia perché tu mi **capisca**.*
(La storia ti dà elementi essenziali per comprendere la mia situazione)

*Roberto scrive libri **non perché insegua** il successo ma perché **si diverte** a farlo.*

*Helena è andata in vacanza in Grecia **non perché avesse** voglia di rinchiudersi in qualche museo, ma perché le **piace** il mare.*

Alma Edizioni ~ il congiuntivo 83

6.c

Attenzione alla concordanza: nelle frasi finali si usa il **congiuntivo presente** se nella frase principale c'è un verbo al presente o al futuro, il **congiuntivo imperfetto** in dipendenza di un verbo al passato.

*Ti **porto** con me in Italia affinché tu **conosca** meglio le tue radici.*

*Ti **portavo** ogni anno con me in Italia affinché **conoscessi** meglio le tue radici.*

6.d

Per le **frasi finali** nella lingua parlata e in un registro meno formale è molto frequente l'uso della costruzione *per + far(e) +* **infinito** quando il soggetto della frase principale è diverso da quello della frase finale.

*Il medico ha messo a dieta Daniela **per farla dimagrire**.*
(Invece di: *Il medico ha messo a dieta Daniela **affinché dimagrisca**.*)

*Ti ho regalato un viaggio in Africa **per farti conoscere un mondo diverso dal tuo**.* (Invece di: *Ti ho regalato un viaggio in Africa **perché tu conosca** un mondo diverso dal tuo.*)

6.e

Se il **soggetto** della frase **finale** è lo **stesso** della frase **principale** si usa in genere *per* (o il più formale *al fine di*) + **infinito**

*Daniela si è messa a dieta **per (al fine di) dimagrire**.*

Frasi finali e concessive

6.f

La costruzione *fare* + **infinito** si usa normalmente quando il soggetto non compie direttamente l'azione ma fa in modo che sia compiuta da un'altra persona.

*Sonia fa andare **il marito** a fare la spesa.*

Se il verbo all'infinito è **intransitivo, o senza oggetto diretto**, la persona che compie effettivamente l'azione (il soggetto del verbo all'infinito) non è preceduta da una preposizione ma da un **articolo** o da un **altro determinante**. In questo caso si usa un pronome diretto per indicarla.

***Faccio correre** il cane. → Lo **faccio correre**.*

***Faccio mangiare** la bambina. → La **faccio mangiare**.*

***Fa studiare** quel ragazzo. → Lo **fa studiare**.*

Se il verbo all'infinito è **transitivo** e ha un **oggetto diretto**, il soggetto del verbo all'infinito è preceduto dalla preposizione *a* e si può usare un **pronome indiretto** per indicarlo.

***Ha fatto mangiare la minestra** alla bambina. → Le **ha fatto mangiare la minestra**. → L'**ha fatta mangiare** alla bambina. → Gliel'**ha fatta mangiare**.*

Anche se il verbo all'infinito ha un **doppio oggetto, diretto e indiretto**, il soggetto del verbo all'infinito è introdotto da *a*.

***Ho fatto fare** a Marina una telefonata ai suoi genitori perché era da due mesi che non li sentiva.*

Nel caso non sia chiaro quale sia il soggetto e quale l'oggetto indiretto (tutti e due introdotti da *a*) il soggetto può essere introdotto dalla preposizione *da*.

***Ho fatto rispondere** a Giorgio da Daniela perché non avevo voglia di farlo personalmente.*

Se il verbo all'infinito è un riflessivo, il pronome riflessivo non si usa.

*Quel pagliaccio di politico **fa arrabbiare** Roberto come una bestia.*

esercizi

1 Perché lo fai?
Scegli tra indicativo e congiuntivo.

1. Mamma, perché lavori sempre?
   - ☐ a. Perché tu possa andare all'università.
   - ☐ b. Perché tu puoi andare all'università.

2. Helena, perché mi guardi così?
   - ☐ a. Perché hai la faccia tutta sporca di cioccolato.
   - ☐ b. Perché tu abbia la faccia tutta sporca di cioccolato.

3. Roberto, perché non smetti di fumare?
   - ☐ a. Perché non mi vada!
   - ☐ b. Perché non mi va!

4. Tommaso, perché ti interessi così tanto di politica?
   - ☐ a. Perché l'Italia ha un futuro migliore.
   - ☐ b. Perché l'Italia abbia un futuro migliore.

5. Ale, perché mi ripeti sempre le stesse cose?
   - ☐ a. Lo faccio perché tu capisca bene.
   - ☐ b. Lo faccio perché tu capisci bene.

6. Giulia, perché ci parli sempre di cose antiche?
   - ☐ a. Perché conoscete le vostre origini.
   - ☐ b. Perché conosciate le vostre origini.

7. Matilde, perché sei sempre così fredda con Roberto?
   - ☐ a. Perché lui mi tratta male.
   - ☐ b. Perché lui mi tratti male.

8. Arianna, perché hai scritto questa lettera al Presidente della Repubblica?
   - ☐ a. Perché gli animali abbiano gli stessi diritti degli esseri umani.
   - ☐ b. Perché gli animali hanno gli stessi diritti degli esseri umani.

10. Daniela e Tommaso, perché scrivete un libro sul congiuntivo?
    - ☐ a. Perché tutti lo capiscono e lo usano perfettamente.
    - ☐ b. Perché tutti lo capiscano e lo usino perfettamente.

Frasi finali e concessive 6

2) Perché sì o perché no?
Scrivi le risposte inserendo la causa reale (con l'indicativo) e la causa fittizia (con il congiuntivo), come nell'esempio. La causa reale è quella <u>sottolineata</u>.

L'hai lasciato perché ti ha tradito o perché <u>ti sei innamorata di un altro</u>?
<u>l'ho lasciato non perché mi abbia tradito, ma perché mi sono innamorata di un altro!</u>

1. Vuoi studiare il congiuntivo italiano perché ti piace o <u>perché hai un esame</u>?
   _____

2. Helena è arrabbiata con me perché ho usato il suo computer o <u>perché le ho rubato il fidanzato</u>?
   _____

3. Tommaso, mi dici questo <u>perché vuoi aiutarmi</u> o perché sei geloso?
   _____

4. Roberto e Giulia sono andati in Turchia perché Roberto voleva rilassarsi o <u>perché Giulia voleva studiare l'arte bizantina</u>?
   _____

5. Arianna si è sposata perché era innamorata o <u>perché non voleva diventare una zitella</u>?
   _____

6. Adriano è diventato insegnante <u>perché ha una passione per la didattica</u> o perché non ha avuto successo come scrittore?
   _____

7. Matilde e Alessandra non mi hanno invitato alla festa perché se ne sono dimenticate o <u>perché gli sono antipatica</u>?
   _____

8. Sonia è nervosa perché deve fare l'esame o <u>perché è proprio così di natura</u>?
   _____

9. Daniela vi ha risposto in quel modo <u>perché è matta</u> o perché l'avevate fatta arrabbiare?
   _____

10. Hai capito tutto perché te l'abbiamo spiegato bene o <u>perché l'argomento è veramente facile</u>?
    _____

esercizi

3 Causa o finalità?

Unisci le frasi nelle due colonne e completale con l'indicativo o il congiuntivo, come nell'esempio.

1. Ti ho regalato un abbonamento al Times…
2. Sonia e Rocco si sono trasferiti in campagna…
3. Helena sta cercando un gattino da adottare…
4. Il capo del governo parla sempre di calcio…
5. Abbiamo regalato a Tommaso una radiosveglia…
6. Vanno sempre in vacanza nello stesso luogo…
7. Ha comprato un nuovo schermo per il computer…
8. Roberto ha parlato a lungo con la moglie…

a. perché *(loro-avere)* _____ tanti amici lì.
b. perché il tuo inglese *(migliorare)* <u>migliori</u>.
c. perché quello vecchio non *(funzionare)* _____ più.
d. perché lui non *(arrivare)* _____ mai puntuale a scuola.
e. perché *(lei-capire)* _____ che è stato tutto un equivoco.
f. affinché i figli *(crescere)* _____ nella natura.
g. affinché la gente *(dimenticarsi)* _____ della crisi economica.
h. perché *(lei-sentirsi)* _____ sola.

1/ _b_ b - 2/___ - 3/___ - 4/___ - 5/___ - 6/___ - 7/___ - 8/___

Riscrivi solo le quattro frasi finali nella costruzione **per** + **fare** + **infinito**, come nell'esempio.

a. *Ti ho regalato un abbonamento al Times perché il tuo inglese migliori.*
   Ti ho regalato un abbonamento al Times per far migliorare il tuo inglese.

b. _____

c. _____

d. _____

Frasi finali e concessive 6

4 A scuola…
Scegli le risposte corrette.

6.a 6.d 6.e

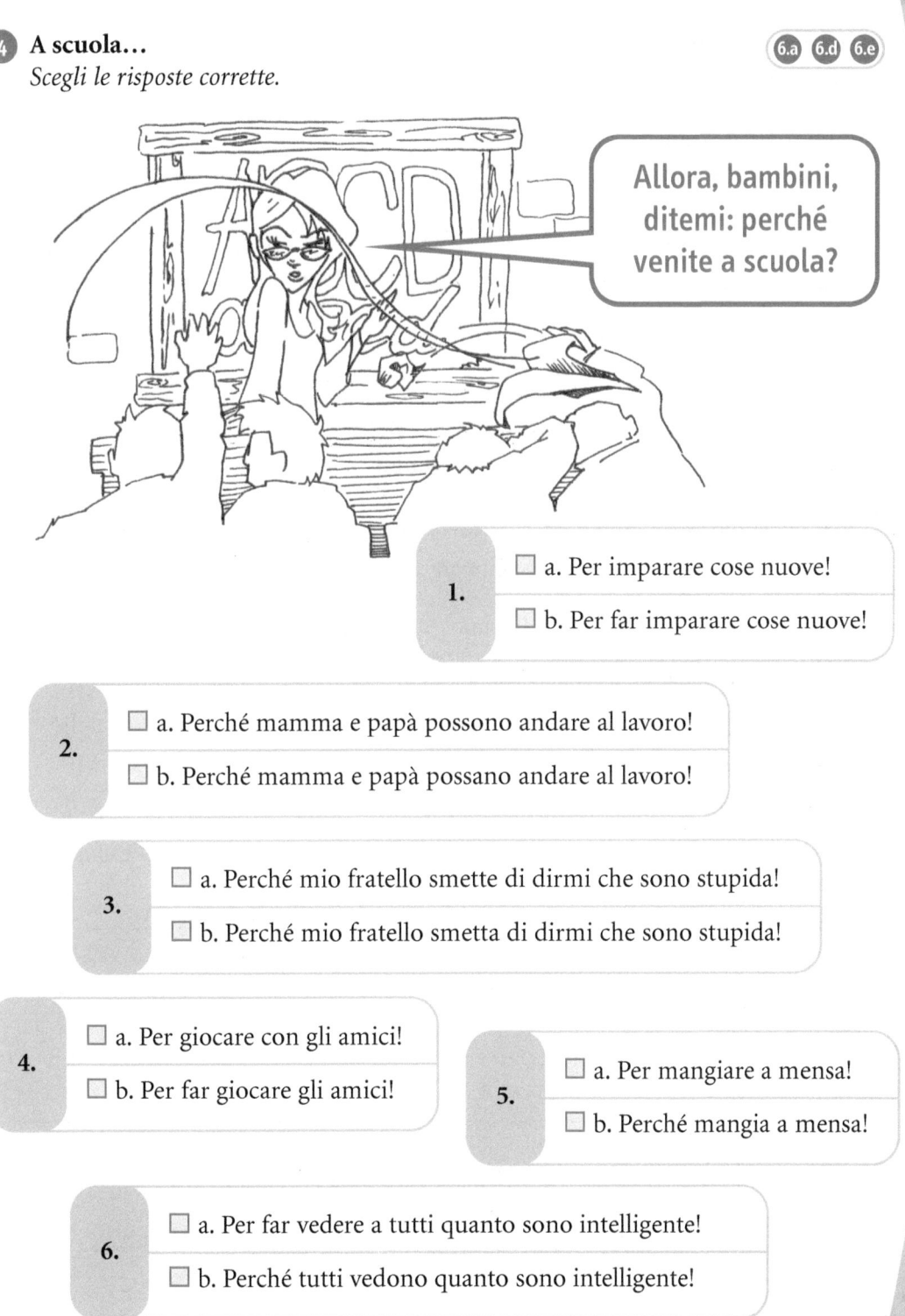

Allora, bambini, ditemi: perché venite a scuola?

1.
☐ a. Per imparare cose nuove!
☐ b. Per far imparare cose nuove!

2.
☐ a. Perché mamma e papà possono andare al lavoro!
☐ b. Perché mamma e papà possano andare al lavoro!

3.
☐ a. Perché mio fratello smette di dirmi che sono stupida!
☐ b. Perché mio fratello smetta di dirmi che sono stupida!

4.
☐ a. Per giocare con gli amici!
☐ b. Per far giocare gli amici!

5.
☐ a. Per mangiare a mensa!
☐ b. Perché mangia a mensa!

6.
☐ a. Per far vedere a tutti quanto sono intelligente!
☐ b. Perché tutti vedono quanto sono intelligente!

esercizi

5 La finalità nel tempo
Completa le frasi con il congiuntivo.

1. Devo spiegarti bene cosa è successo perché tu *(capire)* _____ anche le mie ragioni.

2. Il preside aveva preso quel provvedimento affinché tutti gli studenti *(smettere)* _____ di usare il telefonino in classe.

3. Domani ti porterò all'università affinché tu *(vedere)* _____ come si svolgono le lezioni.

4. Domani il governo varerà una legge affinché si *(arrivare)* _____ ad una maggiore parità di diritti tra uomini e donne.

5. Sonia vuole assolutamente farvi vedere questo film perché voi *(conoscere)* _____ meglio il cinema francese.

6. Sono disperato, Giulia mi ha lasciato! Sto facendo di tutto affinché *(perdonarmi)* _____!

7. Helena è a Roma per qualche giorno. Ultimamente è tornata spesso perché Fuffi, il suo cane, non *(soffrire)* _____ troppo di nostalgia.

*Ora trasforma le frasi usando la forma **per** + **fare** + **infinito**, come nell'esempio.*

a. *Devo spiegarti bene cosa è successo per farti capire anche le mie ragioni.*

b. _____

c. _____

d. _____

e. _____

f. _____

g. _____

Frasi finali e concessive

Le **frasi concessive** indicano un **fatto** o un'**informazione** dai quali deriva una **conseguenza insolita e inattesa**.

Le frasi concessive **esplicite** sono introdotte dalle congiunzioni *benché, sebbene, malgrado (che), nonostante (che), seppure, per quanto* o dalle più letterarie *ancorché* o *quand'anche*, seguite dal **congiuntivo**.

Sebbene sia stata un'esperienza terribile, non ci penso più.

È possibile comunque usare l'indicativo **futuro** (se la frase concessiva si riferisce al futuro).

Ti aiuto volentieri, sebbene forse me ne pentirò.

Normalmente associamo ad un fatto come *Daniela ha studiato molto per l'esame* una conseguenza del tipo: *è stata promossa a pieni voti*.

La frase concessiva ci "avvisa" che l'evento che descrive produce un effetto **imprevisto**.

Sebbene Daniela avesse studiato molto per l'esame, è stata bocciata.

È possibile costruire una frase concessiva usando *Anche se* + **indicativo**.
Nella lingua parlata si usa più spesso questa costruzione oppure una congiunzione avversativa come *ma, però, tuttavia.* (vedi 9.m)

Anche se ha studiato *molto per l'esame, Daniela è stata bocciata*

*Daniela ha studiato molto per l'esame **ma** è stata bocciata.*

esercizi

 6.l

Quando la frase concessiva e la frase principale hanno lo stesso soggetto si usa l'**infinito** dopo espressioni come *per, nemmeno a, neppure a, neanche a, manco a, a rischio di, pur senza*.

Per essere senza un euro, Roberto fa la bella vita! (Invece di: Sebbene sia senza un euro Roberto fa la bella vita!)

Daniela non volle venire alla festa con me **neanche a pregarla in ginocchio!**
(Invece di: Daniela non volle venire alla festa con me sebbene fosse stata pregata in ginocchio.)

 6.m

Un'elegante costruzione implicita, usata di frequente, è *pur* seguito dal **gerundio**.

Pur non avendo un euro, Roberto fa la bella vita.

Pur avendola pregata in ginocchio, Daniela non volle venire alla festa.

Frasi finali e concessive 6

6 Conseguenze impreviste
Scegli l'opzione corretta.

6.h 6.i

1. Benché oggi sia una splendida giornata,
   - ☐ a. Tommaso ha preferito restare a casa per studiare.
   - ☐ b. Tommaso ha preferito andare al mare.

2. Nonostante Daniela abbia studiato tedesco per 5 anni,
   - ☐ a. capisce tutto.
   - ☐ b. non capisce una parola.

3. Malgrado Helena sia bella, intelligente e simpatica,
   - ☐ a. è riuscita a trovare un compagno.
   - ☐ b. non riesce a trovare il compagno giusto.

4. Sebbene Arianna ami tantissimo gli animali,
   - ☐ a. ieri ha mangiato una bistecca enorme.
   - ☐ b. ieri ha mangiato pasta e broccoli.

5. Benché Alessandra me l'abbia ripetuto un sacco di volte,
   - ☐ a. io ancora non ci ho capito un fico secco.
   - ☐ b. io ho già capito tutto.

6. Seppure Roberto le abbia chiesto scusa in ginocchio,
   - ☐ a. Giulia lo ha perdonato subito.
   - ☐ b. Giulia non l'ha perdonato.

7. Per quanto Sonia si impegni a diventare una brava casalinga,
   - ☐ a. è una cuoca provetta.
   - ☐ b. cucina da schifo.

8. Nonostante Adriano lavori dalla mattina alla sera,
   - ☐ a. guadagna moltissimo.
   - ☐ b. guadagna pochissimo.

9. Malgrado Tommaso faccia di tutto per farsi apprezzare da lei,
   - ☐ a. Matilde lo odia.
   - ☐ b. Matilde lo ama.

10. Sebbene il congiuntivo italiano sia un argomento complesso,
    - ☐ a. questo libro lo spiega benissimo.
    - ☐ b. questo libro mi confonde.

esercizi

7 Nonostante tutto…
Completa le frasi con il congiuntivo, come nell'esempio.

1. a. Malgrado Daniela *(dimagrire)* <u>sia dimagrita</u> molto, è ancora sovrappeso.
   b. Malgrado Daniela *(dimagrire)* <u>fosse dimagrita</u> molto, era ancora sovrappeso.

2. a. Per quanto tutti voi *(cercare)* _____ di impedirmelo, io lo farò comunque!
   b. Per quanto tutti voi *(cercare)* _____ di impedirmelo, io l'ho fatto comunque!

3. a. Benché Arianna *(avere)* _____ la febbre, ieri è andata al lavoro.
   b. Benché Arianna *(avere)* _____ ancora la febbre, oggi è al lavoro.

4. a. L'anno scorso Roberto non ha dato l'aumento a Helena nonostante lei lo *(meritare)* _____.
   b. L'anno prossimo Roberto non darà l'aumento a Helena nonostante lei lo *(meritare)* _____.

5. a. Lisa non si fida di Tommaso sebbene lui *(essere)* _____ assolutamente fedele.
   b. Maria si fidava di Tommaso sebbene lui *(essere)* _____ evidentemente infedele.

Ora trasforma le frasi usando la forma **Anche se** + **indicativo** e, quando il soggetto della frase principale e della frase secondaria è lo stesso, con la forma **Pur** + **gerundio**, come nell'esempio.

1. a. <u>Anche se è dimagrita / Pur essendo dimagrita molto, Daniela è ancora sovrappeso.</u>
   b. <u>Anche se era dimagrita / Pur essendo dimagrita molto, Daniela era ancora sovrappeso.</u>

2. a. _____
   b. _____

3. a. _____
   b. _____

4. a. _____
   b. _____

5. a. _____
   b. _____

Frasi finali e concessive — 6

8) Meglio essere espliciti!

*Riscrivi le frasi nella forma esplicita usando **nonostante**, **sebbene**, ecc., come nell'esempio.*

Pur essendo ricchissimo, Tommaso vive in una casa fatiscente.
Nonostante sia ricchissimo, Tommaso vive in una casa fatiscente.

1. Per essere laureato, Silvio è un terribile ignorante: ha detto che Roma è stata fondata da Romolo e Remolo!

2. Pur essendo arrivata alla stazione mezz'ora in anticipo, ho perso il treno: mi sono messa a guardare i negozi e non mi sono accorta che il tempo passava.

3. Per stare in Islanda solo da sei mesi, Adriano se la cava benissimo! Ha già trovato lavoro a Reykjavík.

4. Ho sentito che, pur lavorandoci da sei mesi, Daniela e Tommaso non hanno ancora finito il loro libro. Sono sicuro che sarà un capolavoro!

5. Sonia non ha sentito ragioni e non è voluta restare a Roma, nemmeno a pregarla in ginocchio.

6. Per avere avuto quel brutto infortunio alla spalla, Tommaso ha ripreso quasi subito ad andare in bicicletta.

7. Devo ammettere che Helena parla davvero bene italiano, per non aver mai fatto un corso!

esercizi

9) Storie leonardesche
Completa il testo con i verbi al congiuntivo o all'indicativo.

Gian Giacomo Caprotti detto il **Salaì** (da "Sala(d)ino" ovvero "diavolo") nasce in un piccolo paese della Lombardia, nel 1480. Già da bambino dimostra un carattere ribelle e sfacciato e, a soli 10 anni, il padre lo porta nella bottega di Leonardo da Vinci affinché *(lui-imparare)* _____ l'arte della pittura.
Anche se Gian Giacomo *(avere)* _____ un carattere difficile, il Maestro lo prende in simpatia. Tuttavia, i primi tempi sono difficili: Leonardo racconta che, un giorno, aveva lasciato dei soldi sul tavolo perché il ragazzo *(comprarsi)* _____ dei vestiti nuovi; Gian Giacomo prende i soldi di nascosto e li spende per fare baldoria con gli amici. In seguito, per quanto Leonardo *(provare)* _____ a farlo confessare, il ragazzo non ammetterà mai il furto. Leonardo stesso lo definisce "bugiardo, ladro, testardo e un gran ghiottone".
Con il tempo Gian Giacomo comincia ad affezionarsi al Maestro, diventando uno dei suoi allievi prediletti. Lo segue in quasi tutti i viaggi, diventa un bravo pittore e molte volte fa da modello per i quadri di Leonardo. Secondo una vecchia teoria, la donna rappresentata nel noto capolavoro di Leonardo *La Gioconda* sarebbe stata in realtà un uomo, precisamente Gian Giacomo Caprotti. Seppure questa teoria *(venire)* _____ supportata da alcuni tra i più affermati storici dell'arte, è stata abbandonata perché *(mancare)* _____ prove certe. Gian Giacomo muore nel 1524, quattro anni dopo la morte del suo maestro, in circostanze ambigue.
Quand'anche il Salaì *(essere)* _____ probabilmente l'allievo più amato da Leonardo, la storia dell'arte l'ha trascurato per lungo tempo. Solo studi recenti hanno messo in luce questo personaggio così oscuro e controverso.

adattato da *Leonardo*, di Magnano Milena, 2008, Mondadori Electa

Frasi finali e concessive 6

10 Breve dizionario del linguaggio femminile (solo per uomini)
Completa il testo con le espressioni della lista.

> anche se   pur   affinché   perché   perché   per
>
> per   benché   sebbene

Si parla sempre più frequentemente di mancanza di comunicazione tra l'universo femminile e l'universo maschile. Dopo ore e ore di confronto e riflessione, i nostri amici Adriano e Alessandra ci hanno fornito un breve dizionario di espressioni spesso usate dalle donne e, ancor più spesso, mal interpretate dagli uomini.

- "Bene!": questa è la parola che usano le donne _____ la discussione finisca e l'uomo stia zitto.
- "Niente!": come risposta alla domanda "Cos'hai?" è come la quiete prima della tempesta. Preparatevi _____ saranno guai!
- "5 minuti!": se la donna si sta vestendo, significa circa mezz'ora. Cinque minuti sono cinque minuti se questo è il tempo che una donna ha dato a un uomo _____ spegnere la televisione e lavare i piatti.
- "Non ti preoccupare, faccio io!": usata quando una donna ha già chiesto svariate volte a un uomo di fare qualcosa e adesso la sta facendo da sola. _____ intuendo che qualcosa non va, non domandatele niente, o finirete al secondo punto, che porterà inevitabilmente al primo punto.
- "Come?!?": non significa che non ha capito. Vi sta solo dando una seconda opportunità _____ riflettiate bene su quello che avete appena detto e cambiate opinione.
- "Grazie!": _____ le donne siano regine nell'uso del sarcasmo e dicano spesso l'opposto di quello che pensano, in questo caso vi stanno semplicemente ringraziando. A meno che non dicano "Grazie mille!"...
- "Come sto?": _____ pensate di poter e dover rispondere sinceramente, non è così! Ma non rispondete troppo velocemente: guardatela attentamente, poi fissatela negli occhi con l'espressione di chi pensa di essere la persona più fortunata del mondo, e ditele "Sei bellissima!".
- "Ok!": questa è una delle parole più pericolose che una donna possa dire! Vuol dire che ha bisogno di tempo _____ pensare a come vendicarsi.
- "Fa' pure!": _____ suoni come un permesso, in realtà è una sfida. Non fatelo!
- "Ho mal di testa!": ha mal di testa.

7 Frasi relative

Una frase relativa con il **congiuntivo** ha in genere un **significato** di **possibilità** o **incertezza**.

Una frase relativa è una frase secondaria introdotta da un pronome relativo (*che, cui, il quale / la quale / i quali / le quali, dove*), con o senza una preposizione. Il pronome relativo "unisce" due frasi con un elemento in comune.	*Ho comprato una **bicicletta**.* + *La **bicicletta** ha i freni a disco e il cambio automatico.* ↓ *Ho comprato una **bicicletta** che ha i freni a disco e il cambio automatico.*

Una frase relativa con il **congiuntivo** ha in genere un **significato** di **possibilità** o **incertezza**, ed è quindi spesso simile ad altre frasi con il congiuntivo.

7.a

Si usa il congiuntivo in una frase relativa quando si vuole indicare una **qualità richiesta** o **necessaria** di un elemento della frase principale **non determinato o conosciuto** alla persona che parla o scrive. Spesso la frase relativa dipende da verbi come *cercare, desiderare, volere, comprare*. Con l'indicativo evidenziamo che l'elemento della frase principale ci è già **noto** o che abbiamo già **accertato** le sue qualità.	*Roberto cerca una segretaria che **parli** e **scriva** perfettamente italiano, inglese e francese.* *Devo comprarmi una macchina che **consumi** di meno!* *Conosco un locale che **offre** 150 tipi di pizza diversi.* *Cerco una **gatta che abbia** una macchia nera sul muso.* (qualcuno cerca una gatta con una macchia nera sul muso, ma non l'ha trovata e non è sicuro di trovarla) *C'era una volta una **gatta che aveva** una macchia nera sul muso.* (la gatta è **determinata** e **nota**)

7.b

Si usa il congiuntivo in una frase relativa dopo un **superlativo relativo** per esprimere un'opinione o una sensazione.

*Amburgo è la città più tollerante che io **conosca**.*

Attenzione: si usa invece l'**indicativo** per sottolineare la **realtà** del contenuto della frase relativa.

*Ieri al festival del cinema ho visto quattro film! Il film più interessante che **ho visto** ieri è stato sicuramente "Falso Movimento".*

7.c

Si usa il congiuntivo in una frase relativa dopo *niente, nulla, nessuno, tutto, ogni* e *ognuno*.

*Tesoro mio! Non c'è **nessuno** al mondo che mi **capisca** come te!*

*Non c'è **niente** che mi **faccia** arrabbiare così tanto come l'ipocrisia.*

Attenzione: si può usare l'**indicativo** per sottolineare la **realtà** del contenuto della frase relativa.

*Daniela ha letto **tutti** i libri che **aveva messo** in valigia.*

7.d

Il congiuntivo si usa anche con alcuni **indefiniti** che hanno nel loro significato un pronome relativo:

- il pronome *chiunque* (ogni persona che)

*In Italia può partecipare al voto **chiunque abbia compiuto** i diciotto anni.*

- gli aggettivi *qualunque* e *qualsiasi* (ogni persona / cosa che, l'uno o l'altro, non importa quale)

*Sonia a vent'anni credeva ancora a **qualunque** uomo le **promettesse** di farla entrare nel mondo del cinema.*

- gli avverbi *comunque* (in qualunque modo), *dovunque* e *ovunque* (in qualunque luogo)

***Comunque vadano** le cose, rimarrò sempre al tuo fianco!*

esercizi

1) Ognuno cerca qualcosa…
Leggi gli appunti di Arianna e Daniela e scrivi dei testi, come negli esempi.

Gli appunti di Arianna

CERCASI AUTO USATA
- no sedili in pelle (sono un'animalista!)
- costo: max € 2.000 (sono un'insegnante!)
- colore: verde (sono un'ecologista!)
- chilometraggio: max 80.000 km (sono un'insegnante, ma non così disperata)

Arianna cerca un'auto che non abbia i sedili in pelle…

I vecchi appunti di Daniela

Daniela voleva un uomo che le desse sempre ragione…

Il mio uomo ideale
- mi dà sempre ragione
- è gentile e generoso
- sembra colto e intelligente, ma non più di me
- mi fa sentire sempre al sicuro
- mi considera più importante dei suoi amici e della sua squadra del cuore
- parla italiano come Umberto Eco

2) Sogni infranti!
Completa il testo con i verbi tra parentesi.

Io ho trovato l'auto che cercavo, Daniela invece…

Daniela cercava un uomo che *(avere)* _____ tante qualità, e invece ha sposato un ignorante che *(pensare)* _____ di sapere sempre tutto, che la *(trattare)* _____ malissimo e che, secondo me, proprio non la *(amare)* _____! Poverina…

Frasi relative 7

3. Tra sogni e realtà

*Completa le frasi con il congiuntivo o con l'indicativo.
Poi associa le frasi ai disegni.*

1. Finalmente ho trovato la segretaria che cercavo! È una ragazza svedese che *(parlare)* _____ bene inglese, che *(avere)* _____ esperienza nel settore, che non *(lamentarsi)* _____ mai e che, devo ammetterlo, *(essere)* _____ anche molto graziosa!

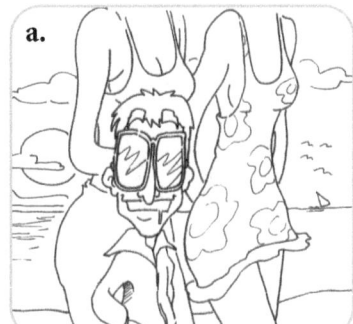

2. Uffa! Non sono ancora riuscita a trovare un parrucchiere che *(capire)* _____ esattamente quello che voglio e non mi *(fare)* _____ sembrare uno spaventapasseri! E che non *(costare)* _____ un occhio della testa!

3. Buongiorno, vorremmo fare una vacanza in Toscana e stiamo cercando un agriturismo che *(stare)* _____ in una zona tranquilla, ma che ci *(permettere)* _____ di raggiungere facilmente Firenze. Siamo persone che *(amare)* _____ la natura e l'arte!

4. La polizia sta cercando un uomo basso e abbronzato che *(portare)* _____ sempre grandi occhiali da sole e che *(andare)* _____ in giro circondato da ragazze giovani e belle. Dalla descrizione sembra proprio quel tizio che *(frequentare)* _____ il bar sotto casa mia!

esercizi

4 **La cosa più bella che…**
Osserva le immagini. Poi scrivi delle frasi usando le parole della lista, come nell'esempio.

(film / noioso / io / vedere / mai)

Questo è il film più noioso che io abbia mai visto.

(montagna / alta / io / scalare / mai)

a. _____

(Arianna / donna / sexy / io / frequentare / mai)

b. _____

(esame / difficile / io / fare / mai)

c. _____

(lui / insegnante / pignolo / esistere / mai)

d. _____

(gelato / buono / io / mangiare / mai)

e. _____

5 In mariteria

Completa il dialogo con i verbi all'indicativo o al congiuntivo.

CLIENTE Buongiorno!
COMMESSA Buongiorno signora! Posso aiutarla o desidera solo guardare? Qui può vedere la nostra nuova collezione autunno-inverno di mariti.
CLIENTE Interessante, ma in realtà vorrei fare un cambio. Un paio di anni fa ho comprato questo modello che, però, *(rivelarsi)* _____ difettoso dopo poco tempo. Ho ancora la garanzia.
COMMESSA Certo, mi faccia vedere! Ah, sì, questo è il modello Italicus 2.1, il modello che *(presentare)* _____ i tipici tratti dell'uomo mediterraneo, che *(amare)* _____ stare in casa e che *(fare)* _____ follie d'amore.
CLIENTE Esattamente! All'inizio funzionava bene, ma dopo qualche mese ha iniziato a comportarsi in modo strano. La funzione che *(rompersi)* _____ per prima è stata "Follie d'amore". E l'unica cosa che sa fare attualmente è stare in poltrona a guardare la tv. È noioso!
COMMESSA Capisco, signora! Effettivamente questo è un modello un po' antico. Lei sta cercando qualcosa che *(avere)* _____ più funzioni, che la *(aiutare)* _____ in casa e che, magari, *(dire)* _____ cose interessanti, giusto?
CLIENTE Certo! Che me ne faccio di questo attrezzo che non *(lavare)* _____, non *(stirare)* _____ e non mi *(parlare)* _____ neanche d'amore?!
COMMESSA E quali sono i tratti somatici che *(preferire)* _____?
CLIENTE Beh, ne vorrei uno più alto di me, che *(prendersi)* _____ cura del suo aspetto e che *(essere)* _____ serio e responsabile. Il resto non è importante.
COMMESSA Guardi, ne abbiamo un tipo che *(rispondere)* _____ a tutte le sue esigenze: Terminator 8.0. È un modello che *(andare)* _____ a ruba!
CLIENTE Non male! Ma preferirei un maschio più tranquillo, uno che non *(passare)* _____ tutto il tempo in palestra, che *(amare)* _____ mangiare e che *(sapere)* _____ cucinare… per viziarmi un po'!
COMMESSA Allora ho capito perfettamente. Ecco qui: lo Chanel 5.0, un classico. Questo è sicuramente il marito che *(cercare)* _____!
CLIENTE Mi piace! E quanto costa?
COMMESSA Visto che si tratta di un cambio con un modello vecchio, la differenza è solo di 2.450 Euro. È un'offerta che non *(potere)* _____ perdere!
CLIENTE Va bene. Lo prendo. Accettate carte di credito?
COMMESSA Certamente! Può pagare direttamente al Factotum 2.1 che *(stare)* _____ in cassa. Grazie mille e buona giornata!

esercizi

6. La bacheca
Completa i testi con i verbi della lista al congiuntivo o all'indicativo presente.

trovarsi • avere • cercare • amare • potere • studiare • volere • essere

a.
SMARRITO PASTORE TEDESCO

Prego chiunque _____ informazioni di contattarmi il prima possibile. Lauta ricompensa.

b.
AVVISO
I signori condomini sono pregati di non gettare nel cassonetto dell'organico nessun rifiuto che non _____ bio-degradabile.

c.
CERCASI ADDETTO VENDITE
Esperto, max 28 anni, automunito, massima serietà, disponibile a turni di notte.
Tutti coloro che _____ sostenere un colloquio possono inviare il proprio cv all'ufficio del personale.

d.
OFFRESI AFFETTO!

Ciao, siamo quattro cuccioli di 4 mesi che _____ un posto caldo, tante coccole e una ciotola di latte!

e.
CERCO LAVORO
Ciao! Sono una ragazza che _____ pedagogia e che _____ stare con i bambini
Cerco lavoro come
BABY-SITTER part-time.

f.
Raccolta di beneficenza
Sabato 29 si svolgerà una raccolta di abiti e oggetti nuovi e usati presso piazza San Pietro in Montorio.
Sarà ben accetta qualunque cosa _____ donare.
Grazie!

g.
VENDESI "LA GIOCONDA"
Vendo una copia d'autore del celebre quadro di Leonardo da Vinci.
Prezzo trattabile.
No perditempo.
Posso farvi visionare il quadro in tutta Italia, ovunque voi _____.

Frasi relative 7

7 Lettera a Chiunque
Coniuga i verbi tra parentesi usando il congiuntivo presente e, in cinque casi, l'indicativo presente o futuro.

To:

Buongiorno a tutti,

scrivo questa lettera a chiunque *(volere)* _____ leggerla. In realtà non c'è niente che io *(dovere)* _____ dire, e nessuno a cui io *(sentire)* _____ il bisogno di rivolgermi. Sono solo quattro righe buttate su un foglio! Infatti, qualunque cosa io *(scrivere)* _____ o *(dire)* _____ so che non *(cambiare)* _____ le sorti del mondo, ma forse *(aiutare)* _____ qualche studente di italiano a risolvere i suoi dubbi.

Il fatto è questo: chiunque *(avere)* _____ voglia di esprimersi correttamente *(dovere)* _____ sapere che, in un registro linguistico controllato, l'uso del congiuntivo dopo aggettivi e pronomi indefiniti *(essere)* _____ essenziale. E non c'è nessuno al mondo che *(potere)* _____ affermare il contrario. Secondo me, usare bene il congiuntivo in una frase relativa *(rappresentare)* _____ uno dei risultati più straordinari che *(esserci)* _____. Quindi, chiunque tu *(essere)* _____, ovunque tu *(stare)* _____ e qualunque cosa tu *(fare)* _____, non scordarlo mai!

Non so se questa lettera ti abbia aiutato ma, comunque *(andare)* _____ le cose, io almeno ci ho provato.

Con affetto,
Daniela

7 Frasi relative

8 Quella canzone che fa così…
Completa con i verbi le strofe di alcune famose canzoni italiane.

1.
Era tanto tempo che aspettava un uomo che la *(ipnotizzare)* _____ solo con il suono di quella sua voce dolce e impertinente.
da Un uomo di Eugenio Finardi

2.
A te che *(essere)* _____ l'unica al mondo, l'unica ragione per arrivare fino in fondo ad ogni mio respiro…
da A te di Jovanotti

3.
Io sono la sola che *(potere)* _____ capire tutto quello che c'è da capire in te.
da Sono come tu mi vuoi di Mina

4.
Un'altra te, dove la trovo io? Un'altra che *(sorprendere)* _____ me…
da Un'altra te di Eros Ramazzotti

5.
All'ombra dell'ultimo sole s'era assopito un pescatore che *(avere)* _____ un solco lungo il viso come una specie di sorriso.
da Il pescatore di Fabrizio De Andrè

6.
Cos'è la vita, senza l'amore? È solo un albero che foglie non *(avere)* _____ più.
da Ma che freddo fa di Nada

7.
Abbiamo troppa fantasia e se diciamo una bugia è una mancata verità che, prima o poi, *(succedere)* _____…
da Quello che le donne non dicono di Fiorella Mannoia

8.
Cerco un centro di gravità permanente che non mi *(fare)* _____ mai cambiare idea sulle cose e sulla gente.
da Centro di gravità permanente di Franco Battiato

Per saperne di più...

7.e

Si può usare il congiuntivo anche:

- in una frase relativa dipendente da **articolo** + *solo / unico* + **nome**

*Sonia è **la sola donna** che mi **capisca / capisce**.*

*C'era un'**unica soluzione** che **fosse / era** accettabile da tutte le parti.*

- in una frase relativa dipendente da **articolo** + *primo / ultimo* + **nome**

*Helena è **la prima svedese** freddolosa che io **ho / abbia** mai **incontrato**.*

- in una frase relativa introdotta da *pochi / uno dei pochi* + **nome**.

*Era **uno dei pochi bambini** che **indossasse / indossava** ancora il grembiule.*

*Al giorno d'oggi sono **pochi** i giovani che **cedano / cedono** il posto a sedere agli anziani.*

Attenzione: l'uso del congiuntivo **non** è possibile se la frase relativa si riferisce ad un evento **singolo** o **determinato** o ad un **gruppo definito**.

*Quel lunedì, quando entrai a scuola, Daniela fu la **prima** persona che ~~incontrassi~~ **incontrai**.*

*Nella scuola di mia figlia sono davvero **pochi** i computer che ~~abbiano~~ **hanno** una connessione a internet: sono solo tre in tutta la scuola!*

8 Altre frasi con il congiuntivo

Frasi esclusive

Le frasi esclusive indicano che un **evento** collegato alla frase principale **non si è verificato**.

8.a

Nella forma esplicita sono introdotte da *senza che* + **il congiuntivo**.	*Stamattina sull'autobus mi hanno rubato il portafoglio **senza che me ne accorgessi**.*

8.b

Se la frase esclusiva ha lo stesso soggetto della frase principale si può usare *senza* con l'**infinito** o il **gerundio negativo**.	*Ieri ho scritto per dieci ore di seguito **senza fermarmi / non fermandomi** mai.* *Adriano arrivò a New York **non avendo / senza avere** un dollaro in tasca.*

Frasi eccettuative

Le frasi eccettuative indicano una **restrizione** o un'**eccezione** della frase principale.

8.c

Sono introdotte dalle locuzioni *a meno che (non), fuorché, eccetto che, salvo che, tranne che* + il **congiuntivo**. Nelle frasi eccettuative si può usare il *non* **pleonastico** (vedi 2.m).	*Verrò sicuramente domani a cena con voi, **a meno che (non) mi trattengano in ufficio**.* *Non dirò niente a Roberto, **tranne che tu (non) lo voglia**.*

8.d

Se la frase eccettuativa ha lo stesso soggetto della frase principale è possibile usare *a meno di, fuorché, eccetto che, salvo che, tranne che* seguiti dall'**infinito**.	***A meno di finire tutti i soldi**, rimango in Sardegna fino a settembre.* *Era pronta a tutto **tranne che a mentire ai suoi genitori**.*

Frasi temporali

Le frasi temporali indicano un **evento in relazione di tempo** con la frase principale.

8.e

Sono introdotte da congiunzioni come *quando, da quando, come, mentre, finché / sinché, fino / sino a che, (non) appena, dopo che*.

Dopo queste congiunzioni si usano l'**indicativo** o il **condizionale**.

Quando lo vide quella sera alla fermata dell'autobus, Sonia capì che **avrebbe trascorso** il resto della sua vita con lui.

Non gli daremo tregua **finché non avrà pagato** per tutte le sue malefatte.

8.f

Dopo *quando, finché, appena, non appena* e *dopo che* è possibile usare il **congiuntivo** se la frase ha una forte connotazione di **incertezza** e **eventualità**. In questi casi l'uso del congiuntivo appartiene a un registro linguistico formale ed elevato.
Con *appena* e *finché* può essere usato il *non* **pleonastico** (vedi 2.m).

L'uso di *quando* con il congiuntivo ha un significato vicino a quello di una **frase ipotetica** (vedi 9.c).

Se la frase introdotta da *appena* descrive un evento determinato si deve usare l'**indicativo**.

Il commissario era deciso a continuare l'interrogatorio **finché (non) avesse ottenuto** *una confessione.*

Interrompere la terapia **(non) appena cessino i sintomi**.

Nessuno può capire bene qualcosa e farla propria, **quando l'abbia appresa da un altro**, *rispetto a quando l'abbia appresa da sé.*

Non **appena** *la ~~vedesse~~ vide, capì che era successo qualcosa di grave.*

8.g

Dopo *prima che* è obbligatorio usare il congiuntivo.

Se la frase temporale ha lo stesso soggetto della frase principale si usa *prima di* con l'**infinito**.

Prima che sia troppo tardi, *Sonia deve chiarire i suoi problemi con Antoine.*

Prima di uscire, *spegnete la luce.*

8 Altre frasi con il congiuntivo

Frasi comparative di maggioranza o minoranza

Le frasi comparative stabiliscono un **confronto** con la frase principale.
In queste frasi si usa il **congiuntivo** in un registro più elevato e formale, e l'**indicativo** in una lingua meno formale ma ugualmente corretta.
Altrimenti è possibile usare il **condizionale** nei casi in cui potremmo utilizzarlo anche in una frase principale.

Le frasi comparative sono introdotte da *più* o *meno* (o altri comparativi come *peggio, meglio, minore, maggiore*) seguiti da *...di quanto (non), ...di quel / quello che (non)*.

In tutti questi casi è possibile usare il *non* **pleonastico** (vedi 2.m).

*Molte persone rimpiangono il passato **più di quanto non** desiderino il futuro.*

*Alessandra fa molto di **più di quello che (non)** ci si aspetti da un'insegnante.*

Se la frase comparativa ha lo stesso soggetto della frase principale è introdotta dalle locuzioni *piuttosto che (di)* o *più... che* o seguite dall'**infinito**.

*Sonia preferì cambiare lavoro **piuttosto che chiedere** scusa.*

*Leggere un buon libro mi piace molto di **più che guardare** la televisione.*

Frasi limitative

Le frasi limitative stabiliscono una **limitazione della validità** di quanto viene detto nella frase principale. Nella forma esplicita si usa il **congiuntivo** in un registro elevato e controllato. L'uso dell'**indicativo** è però ugualmente corretto anche nella lingua formale. Altrimenti è possibile usare il **condizionale** nei casi in cui potremmo utilizzarlo anche in una frase principale.

Le frasi limitative sono introdotte nella forma esplicita da *per quanto, a quanto, per quel che, a quel che, da quel che*.

Si può anche usare solo *che*, ma in questo caso è obbligatorio il congiuntivo.

***Per quanto** ne so / sappia*, Francesco Totti ha ancora il record di gol con la maglia della Roma.

***Che** io ~~so~~ **sappia**, Roberto iniziò la sua carriera di insegnante in Medio Oriente.

Le frasi limitative sono introdotte nella forma implicita da *(in) quanto a* + **infinito**.

***In quanto a bere** birra, Tommaso è insuperabile.*

Frasi consecutive

Le frasi consecutive indicano la **conseguenza**, l'**effetto**, dell'evento o del fatto contenuti nella frase principale. Normalmente, nella forma esplicita, si usa l'**indicativo** (o il condizionale). Si può usare il **congiuntivo**, in un registro elevato, se la frase consecutiva ha un valore di **incertezza**, **eventualità** o **finalità**.

Se le frasi consecutive indicano l'effetto dell'<u>intera frase principale</u> sono introdotte da *cosicché, sicché, tanto che, a tal punto / in maniera / in modo tale... che*.

*Lasciò una rosa sul cuscino, **cosicché** la **trovasse** al suo risveglio.*

Se la conseguenza deriva da <u>un solo elemento</u> della frase principale, questo è introdotto da *così, tale, tanto* e la frase consecutiva da *che*.

*Ti porterò **così** <u>lontano</u> **che** nessuno ci **potrà / possa** trovare.*

Nelle frasi consecutive dipendenti da *fare sì che, fare in modo che* si usa il **congiuntivo**.

*La corruzione **faceva sì che** molti cittadini **si disinteressassero** della vita politica.*

esercizi

1 *Senza o senza che?*
*Riscrivi le frasi usando **senza che** o **senza**, come negli esempi.*

Sonia mi ha attaccato il telefono in faccia. / Io non ho potuto replicare alle sue accuse.
*Sonia mi ha attaccato il telefono in faccia **senza che** io **potessi** replicare alle sue accuse.*

Roberto è andato via. / Roberto non ha salutato nessuno.
*Roberto è andato via **senza salutare** nessuno.*

1. Ieri Arianna è andata in discoteca / Suo marito non lo sapeva.

2. Helena ha accettato la decisione di Roberto. / Helena non ha fiatato.

3. Ho studiato tutta la notte. / Non ho imparato niente.

4. Il cane di Matilde sta mangiando tutti i miei fiori. / Matilde non fa niente per fermarlo.

5. Daniela ha vagato tutto il giorno da sola per Roma. / Daniela non sapeva dove andare.

6. Tommaso ha telefonato alla sua amante. / Tommaso non sapeva che la sua ragazza stesse ascoltando.

7. Gli studenti di Alessandra hanno copiato il compito d'esame. / Alessandra non se n'è accorta.

8. Adriano ha fatto tutto il lavoro. / Sonia non ha mosso un dito per aiutarlo.

9. L'ho fatto. / Non volevo farlo.

10. Posso finire questo esercizio da solo. / Nessuno mi aiuta.

Altre frasi con il congiuntivo 8

2 Ogni scusa è buona!
Unisci le frasi delle due colonne e completa le risposte con i verbi.

1. Nonno, domani mi porti allo zoo?
2. Nonno, mi compri un gelato?
3. Nonno, mi faresti un favore?
4. Nonno, mi accompagni da Giacomino?
5. Nonno, mi dai 100 euro?

a. Certo, figliolo! A meno che tu non (mangiare) _____ già la pizza.

b. Certo, figliolo! Farò quello che vuoi, eccetto che (io-giocare) _____ ai video-games!

c. Certo, figliolo! Fuorché nonna non (avere) _____ ancora bisogno della macchina.

d. Certo, figliolo! Salvo che non (essere) _____ il giorno di chiusura!

e. Figliolo mio, lo sai che farei tutto per te… tranne che (io-sprecare) _____ i miei risparmi!

1/__ - 2/__ - 3/__ - 4/__ - 5/__

3 Questa l'ho già sentita
Completa i testi con le espressioni della lista, come nell'esempio.

finché   quando   dopo che   appena   a meno che

prima che   fa' che   prima di

1. Dovresti pensarci dieci volte _____ dire certe cose!

2. Ti prometto che ti amerò nella gioia e nel dolore, _____ morte non ci separi!

3. Chiamami non _____ arrivi!

4. Faremo come dico io. _____ tu non abbia un'idea migliore…

5. E vedi di rincasare _____ faccia buio!

6. Signore, ti prego, _____ tutto questo finisca presto! Farò un fioretto…

7. _____ il gioco si fa duro, i duri iniziano a giocare!

8. *Dopo che* ho sacrificato tutto per te, hai pure il coraggio di lamentarti?

esercizi

4 Superstizioso Michelangelo
Completa il testo con i verbi.

La storia narra che nel 1494 Michelangelo fuggì precipitosamente da Firenze poco prima che l'esercito di Carlo VIII *(raggiungere)* _____ la città e *(provocare)* _____ la cacciata della famiglia Medici.
Secondo una leggenda questa fuga fu causata da un… fantasma!
Ecco come sarebbero andati i fatti. Dopo che Lorenzo de' Medici morì, suo figlio Piero diventò signore di Firenze, ma senza *(lui-possedere)* _____ le straordinarie capacità e conoscenze del padre. Piero e Michelangelo *(avere)* _____ un amico intimo in comune: il Cardiere. Un giorno il Cardiere confidò a Michelangelo un fatto inquietante: gli era apparso il fantasma di Lorenzo il Magnifico, morto da almeno due anni! Secondo il Cardiere, Lorenzo aveva previsto che, di lì a poco, la famiglia Medici avrebbe avuto seri problemi e *(essere)* _____ cacciata da Firenze per sempre. Poi, senza che il Cardiere *(potere)* _____ difendersi in alcun modo, lo picchiò e gli ordinò di riferire il messaggio al figlio, a meno che non *(volere)* _____ avere un ulteriore incontro con lui! Piero de' Medici, tuttavia, non credette al Cardiere e lo rimproverò senza *(tenere)* _____ conto delle sue parole. Quando sentì queste parole, Michelangelo si spaventò a morte e pochi giorni dopo abbandonò all'improvviso la città.
E ora, sapendo cosa successe dopo che l'artista lasciò Firenze, possiamo dire che il fantasma aveva assolutamente ragione!

adattato da *Michelangelo*, di Alvarez González Marta, 2008, Mondadori Electa

Altre frasi con il congiuntivo

5) Tommaso è più…
Forma delle frasi, come nell'esempio.

Tommaso dorme molto / Tommaso lavora poco
Tommaso dorme più di quanto (non) lavori

Tommaso:

1. è molto intelligente / sembra poco intelligente
___

2. spendeva molto / guadagnava poco
___

3. è bravo a parole / non è bravo con i fatti
___

4. aveva molto bisogno di libertà / aveva poco bisogno di una donna
___

5. vuole molto / dà poco
___

6. ha studiato molto / non doveva studiare così tanto
___

7. sapeva molto / diceva poco
___

Riscrivi le frasi, come nell'esempio.
Tommaso lavora meno di quanto (non) dorma.

1. ___
2. ___
3. ___
4. ___
5. ___
6. ___
7. ___

esercizi

6 **Gli amori segreti di Raffaello**
Completa il testo con i verbi.

Il grande amore tra Raffaello e Margherita, meglio conosciuta come "la Fornarina", è stato per molti secoli una fonte di ispirazione per artisti, scrittori, amanti della storia dell'arte o di semplici pettegolezzi. Ma cosa ci fu di reale in questa storia?
Per quanto se ne *(sapere)* _____, la ragazza era figlia di un fornaio che abitava proprio vicino alla villa dove Raffaello stava dipingendo la famosa Galatea.
E si sa che, in quanto a *(innamorarsi)* _____ facilmente, Raffaello non aveva rivali al suo tempo! Tuttavia il legame con la bella Fornarina si rivelò intenso e duraturo più di quanto nessuno *(potere)* _____ immaginare, nonostante l'artista avesse già una fidanzata ufficiale.
L'amore tra i due era forte a tal punto che nessuno *(potere)* _____ impedire a Raffaello di interrompere il suo lavoro per recarsi dalla donna amata. Raffaello perdeva così tanto tempo prezioso con la dolce Fornarina che uno dei suoi mecenati, Agostino Chigi, decise di far alloggiare la ragazza in un'ala della villa in cui l'artista lavorava, cosi ché il pittore *(avere)* _____ la possibilità di correre ad incontrarla in qualsiasi momento.
Quando Raffaello morì, lasciò alla Fornarina una somma più congrua di quanto lei non *(aspettarsi)* _____, tale da permetterle di vivere decorosamente per il resto della sua vita.
La ragazza, per quel che si *(dire)* _____, si chiuse in convento e passò la sua vita in raccoglimento piuttosto che *(perdersi)* _____ tra le braccia di uomini meno degni del precedente amore.

adattato da *Raffaello*, di Franzese Paolo, 2008, Mondadori Electa

Altre frasi con il congiuntivo

7 **Una gita fuori porta**
Completa il testo con i verbi.

Giovedì scorso abbiamo fatto una gita a Frascati. È stata una giornata piacevole e divertente, ma con qualche piccolo imprevisto!
Tutto è iniziato alla stazione Termini, a Roma. Per quanto ne *(noi-sapere)* _____, il treno doveva partire alle 17.54 e noi *(avere)* _____ appuntamento mezz'ora prima della partenza così che tutti, anche i ritardatari cronici, *(avere)* _____ il tempo di comprare i biglietti.
La prima ad arrivare è stata Arianna, naturalmente in anticipo di 10 minuti, che *(dovere)* _____ aspettare finché non *(arrivare)* _____ Roberto, l'ultimo dei ritardatari. A quel punto siamo andati alla biglietteria, dove c'era una fila molto più lunga di quanto *(noi-aspettarsi)* _____. Dopo siamo andati a controllare il binario di partenza sui monitor ma ancora non era stato comunicato. Eravamo tutti pronti a correre quando *(uscire)* _____ il numero del binario: il 18! Stavamo già al binario 16 quindi, con tutta calma, abbiamo superato il binario 17 e siamo finalmente arrivati al binario…19! Ma come 19?!? E il binario 18?!?! Del 18 nessuna traccia!
Tommaso allora è andato a chiedere informazioni e ha scoperto che il binario 18 *(trovarsi)* _____ alla fine del 17, a circa 800 metri, e che non avremmo mai fatto in tempo a prendere quel treno, a meno che non *(noi-correre)* _____ più velocemente di Bolt! Tommaso, appena ha sentito la notizia, ha cominciato a correre come un pazzo, e noi immediatamente dietro. Il più veloce è stato Adriano, e solo quando eravamo tutti sul treno (o quasi!), abbiamo notato che *(mancare)* _____ Helena. Ci siamo affacciati dai finestrini per cercarla e l'abbiamo vista correre zoppicando, tutta sporca e con una scarpa in mano! Senza che nessuno *(accorgersene)* _____, Helena era caduta, aveva sbattuto il ginocchio e le si era rotta una scarpa! Non appena è salita tutte le persone che erano sul nostro vagone si sono adoperate per aiutarla: Giulia l'ha medicata, Alessandra le ha offerto da bere, e Matilde le ha addirittura riparato la scarpa con una mollettina per capelli. In quanto a riparare oggetti, Matilde non *(avere)* _____ proprio rivali!
Ah, naturalmente il treno è partito con venti minuti di ritardo.

9 Il periodo ipotetico

Il periodo ipotetico esprime un'**ipotesi**. Un'ipotesi è, normalmente, composta da due parti: la **condizione**, espressa nella **frase secondaria**, e la **conseguenza**, nella **frase principale**.

La condizione è comunemente introdotta da *se*.
Con la congiunzione *se* il modo della condizione può essere l'**indicativo** o il **congiuntivo**.

Se penso alla politica italiana, mi arrabbio come una bestia.

Se io fossi un angelo, chissà cosa farei.
(dalla canzone *Se io fossi un angelo* di Lucio Dalla)

Quando la condizione è introdotta da una congiunzione o locuzione **diversa da** *se* il modo è, in linea di massima, il **congiuntivo**.

Qualora la situazione economica dovesse peggiorare, il governo adotterà provvedimenti adeguati.

Nella conseguenza oltre all'**indicativo** è possibile usare l'**imperativo** o il **condizionale**.

Daniela, se ti piace veramente quel vestito, compratelo!

Se Roberto ha investito tutti i suoi risparmi in titoli di stato, potrebbe pentirsene amaramente.

Piuttosto che distinguere il periodo ipotetico in tre tipi (realtà, possibilità, irrealtà), di seguito viene proposta una classificazione basata sul modo (congiuntivo o indicativo) del verbo utilizzato nella frase secondaria.

Indicativo nella condizione

In questo primo tipo di periodo ipotetico la condizione è normalmente introdotta da *se*. L'uso dell'indicativo rappresenta la condizione e la conseguenza come **verosimili**.

Usando l'indicativo, chi parla ritiene che l'ipotesi sia **plausibile** e **realistica**.

Se in primavera piove abbastanza, il raccolto è abbondante.

L'uso dell'indicativo non implica però che l'ipotesi sia sempre reale. Quando nella condizione e nella conseguenza si trovano l'**imperfetto indicativo** o il **trapassato prossimo**, ci si riferisce normalmente a un'**ipotesi irreale**.
Questa costruzione è più frequente nella lingua parlata, è meno argomentativa ed elaborata ma è del tutto corretta.

*Se Helena **aveva** abbastanza soldi, quella macchina se la **comprava** subito!*
(Ma Helena **non** ha comprato la macchina perché non aveva effettivamente abbastanza soldi.)

*Come fai a dire di non avere studiato? Se non **avevi studiato**, di sicuro non passavi l'esame!*

Un'ipotesi con imperfetto e trapassato può però riferirsi anche a una situazione reale: in questo caso il *se* assume il significato di *tutte le volte che*, *ogni qual volta che*.

*Da bambino, se il sabato **andavo** a trovare mia nonna, la **trovavo** sempre in giardino.*

Congiuntivo nella condizione

Quando nella condizione troviamo il **congiuntivo** l'ipotesi è rappresentata come **possibile**, **poco probabile** o del tutto **irreale**.

La condizione con il congiuntivo è introdotta da *se* o, in un registro linguistico più elevato, da altre congiunzioni come *qualora, semmai, purché, laddove, ove, dove, quando*; o da *locuzioni* come *nel caso che, nell'eventualità che, nell'ipotesi che, a patto che, a condizione che, posto che, solo che, ammesso che, casomai.*

*Se non ci **fosse** la guerra, potremmo tutti vivere in pace.*

*Se domani **facesse** bel tempo, andrei volentieri al mare.*

***Qualora** l'imputato **decidesse** di ricorrere in appello, dovrebbe affrontare ingenti spese legali.*

***Casomai passassi** per Roma, telefonami!*

Il periodo ipotetico

Congiuntivo imperfetto nella condizione

La **condizione** con il **congiuntivo imperfetto** può riferirsi al **presente** o al **futuro**. La **possibilità** o l'**irrealtà** della condizione possono essere stabilite solo sulla base della conoscenza del **contesto**.

Se la condizione con un congiuntivo imperfetto si riferisce al momento **presente**, la condizione che esprime è generalmente **irreale**.

Se la condizione con un congiuntivo imperfetto si riferisce ad un momento **futuro**, la condizione che esprime è **possibile** o, a seconda del contesto, **irreale**.

*Se ci **fosse** il sole, **potremmo** andare al mare.* (In questo momento piove a dirotto quindi ce ne rimaniamo in casa, ma forse il tempo migliora.)

*Se Roberto **avesse** più tempo, **suonerebbe** più spesso la chitarra.* (Ma Roberto ha sempre troppo da fare, quindi suona raramente.)

*Se **fossi** un animale, **sarei** un'oca!*

*Se domani **non piovesse**, **potremmo** andare al mare.* (È una possibilità che faccia bel tempo, così come la possibilità di andare al mare.)

*Se domani mi **spuntassero** un paio d'ali, **volerei** lontano da qui!*

Congiuntivo trapassato nella condizione

L'uso del congiuntivo trapassato non ha solo un valore temporale ma indica una conseguenza che non **si è realizzata** o **non si può realizzare**.

*Se Napoleone non **avesse iniziato** la campagna di Russia, la storia europea **sarebbe stata** diversa.*

*Se oggi **avessi avuto** tempo, **sarei andato** al cinema.*

*Se **avessi avuto** tempo, domani **sarei andato** al mare.* (Ma sono certo già ora di non avere tempo e quindi di non poterci andare.)

9.f

Quando nella condizione sono usati il congiuntivo imperfetto o trapassato, nella **conseguenza** si trova normalmente il **condizionale**.
Se la **conseguenza** si riferisce al **presente** o al **futuro**, si usa il **condizionale presente**.
Se la **conseguenza** è **passata**, o comunque **non realizzata**, si usa il **condizionale passato**.
I riferimenti temporali e logici della condizione e della conseguenza possono essere **diversi**, collocandosi nel presente o nel passato.

Se avesse ancora ferie, Daniela andrebbe certamente al mare. (conseguenza presente / futura)

Se avessi avuto la macchina, venerdì scorso sarei venuto volentieri alla tua festa. (condizione passata)

Se Helena non avesse perso l'aereo (condizione passata), *oggi sarebbe già in Svezia.* (conseguenza presente)

Se Adriano non fosse un grande musicista (condizione presente), *non gli avrebbero offerto quel contratto.* (conseguenza nel passato)

Congiuntivo presente o passato nella condizione

La condizione con il **congiuntivo presente** o **passato** è molto vicina all'ipotesi con l'indicativo, e sottolinea, in un registro elevato, l'**eventualità** di una condizione comunque realistica o probabile.

9.g

L'ipotesi costruita con l'indicativo è logicamente verosimile, ma rimane un'ipotesi che conserva un carattere di incertezza e dubbio. Per sottolineare il carattere **aleatorio** e di **incertezza** della **condizione**, o in un registro molto formale, si può anche usare il **congiuntivo presente** (per una condizione presente o futura) o **passato**, introdotto (invece che da *se*) da congiunzioni e locuzioni ipotetiche come *qualora, semmai, purché, laddove, nel caso che* (vedi).

Al posto del congiuntivo presente è possibile, in questo caso, usare anche l'**indicativo futuro**.

~~Se~~ *Qualora non venga raggiunto il numero legale, la seduta sarà annullata.*

Nel caso Helena ritorni a vivere in Svezia, soffrirebbe di sicuro il freddo.

~~Se~~ *Laddove la controparte abbia già deciso di rifiutare la proposta di acquisto, il venditore potrà rivolgersi a un nuovo acquirente.*

Qualora cambierai idea e deciderai di tornare in Italia, potrai sempre tornare a lavorare per noi.

esercizi

1 Cosa faresti se...?
Completa con i verbi e poi unisci domande e risposte.

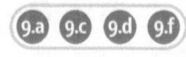

1. Roberto, che faresti se *(essere)* _____ più giovane?
2. Daniela, che faresti semmai *(vincere)* _____ tanti soldi?
3. Arianna, che faresti nel caso che qualcuno *(trattare)* _____ male un animale davanti ai tuoi occhi?
4. Sonia, che faresti qualora il tuo ragazzo ti *(tradire)* _____?
5. Helena, che faresti nell'ipotesi che un milionario ti *(chiedere)* _____ di lasciare tutto e fuggire con lui?
6. Adriano, che faresti casomai *(diventare)* _____ un musicista famoso?
7. Alessandra, che faresti posto che *(dovere)* _____ cambiare lavoro?
8. Tommaso, che faresti ammesso che *(avere)* _____ più capelli?

a. *(Costruire)* _____ una bella villa con piscina a Frascati.
b. *(Aprire)* _____ una scuola di italiano in Brasile e farei il direttore lì!
c. *(Farsi)* _____ i dreadlocks e *(comprare)* _____ un'Harley Davidson per provare l'emozione di sentire il vento tra i capelli!
d. Gli *(domandare)* _____ perché lo sta facendo e poi lo *(prendere)* _____ gentilmente a calci!
e. *(Ricominciare)* _____ a studiare e *(diventare)* _____ psicologa.
f. *(Uscire)* _____ con tutte le belle donne che mi chiedono un autografo!
g. Prima lo *(buttare)* _____ fuori di casa e poi *(piangere)* _____ per una settimana intera!
h. *(Preparare)* _____ la valigia in un batter d'occhio!

1 - ___ 2 - ___ 3 - ___ 4 - ___ 5 - ___ 6 - ___ 7 - ___ 8 - ___

Il periodo ipotetico

2 **Ipotizzando...**
Completa le frasi con il congiuntivo imperfetto e il condizionale semplice, come nell'esempio.

Helena, guarda che brutte nuvole! Se *(piovere)* ____*piovesse*____, *(noi-dovere)* ____*dovremmo*____ rimandare la festa di inaugurazione del tuo nuovo giardino.

1. Ti giuro che non so niente! Lo sai, se *(io-sapere)* _____ qualcosa, te lo *(dire)* _____.

2. Mi dispiace, ma non posso fare nulla per aiutare Arianna e i suoi animali abbandonati. Se solo *(io-potere)* _____, lo *(io-fare)* _____ immediatamente.

3. Hai rotto un altro bicchiere di cristallo? Sei il solito sbadato! Se *(tu-fare)* _____ più attenzione, queste cose non *(succedere)* _____.

4. Se Sonia *(essere)* _____ un animale, *(lei-essere)* _____ un bradipo!

5. Dai, venite anche voi al corso di yoga con me! Sono sicura che se *(voi-provare)* _____ almeno una volta, vi *(piacere)* _____ moltissimo.

6. Roberto e Giulia ancora non hanno finito quel lavoro? Si vede che non gliene importa niente. Se gli *(interessare)* _____, lo *(finire)* _____ in un batter d'occhio.

7. È proprio un periodaccio! Anche se *(noi-lavorare)* _____ il doppio, non *(guadagnare)* _____ abbastanza per ripagare tutti i debiti che abbiamo.

8. Ale, avrei bisogno di quel tuo vestitino a fiori per stasera. Se me lo *(tu-prestare)* _____, te ne *(io-essere)* _____ grata!

9. Adriano non è abbastanza sicuro di se stesso. Se solo *(lui-volere)* _____, sono sicura che *(lui-potere)* _____ ottenere tutto!

esercizi

3 Con i "se" e con i "ma" non si fa la storia
Completa le frasi con il congiuntivo trapassato e il condizionale composto, come nell'esempio.

Non c'è dubbio: se Alessandra *(studiare)* _____*avesse studiato*_____ psicologia, *(diventare)* _____*sarebbe diventata*_____ una bravissima psicologa.

1. Helena oggi lavora fino a tardi. Se *(lei-potere)* _____, *(lei-venire)* _____ sicuramente alla festa.

2. Arianna e Matilde si sono picchiate! Ma se Matilde non la *(provocare)* _____, Arianna non le *(dare)* _____ un pugno. Almeno credo!

3. Hai sentito cosa è successo ieri? Non ci *(io-credere)* _____ mai _____ se non lo *(vedere)* _____ con i miei stessi occhi.

4. Finalmente ci sposiamo! Se *(noi-avere)* _____ la possibilità, lo *(noi-fare)* _____ molto tempo fa.

5. Se Daniela non *(decidere)* _____ di restare a Roma, *(lei-trasferirsi)* _____ sicuramente a Madrid.

6. Paola *(tornare)* _____ a vivere in Italia se solo *(esserci)* _____ una buona prospettiva di lavoro.

7. Se non *(loro-conoscere)* _____ Giulia, non *(loro-sapere)* _____ tutte queste cose su Michelangelo.

8. Le previsioni del tempo dicono che pioverà per tutta la settimana prossima. Peccato, *(noi-potere)* _____ cominciare a fare jogging se *(essere)* _____ bel tempo.

9. Se non *(noi-scrivere)* _____ questo libro, voi non *(imparare)* _____ il congiuntivo!

Il periodo ipotetico

4 Qualora non sia chiaro

Completa le frasi con il congiuntivo presente o con l'indicativo presente, come nell'esempio.

1. Qualora *(voi-avere)* _____ ulteriori dubbi, saremo lieti di aiutarvi in qualsiasi momento.

2. Se *(tu-decidere)* _____ di tornare, chiamami!

3. Va bene! Ti aiuterò, purché tu mi *(dire)* _____ cosa è successo quella sera.

4. La nuova norma entrerà in vigore entro il mese prossimo, se tutti *(essere)* _____ d'accordo.

5. Casomai *(insorgere)* _____ difficoltà, siete pregati di rivolgervi all'ufficio competente.

6. Nel caso che non *(loro-avere)* _____ tempo oggi, potremmo prendere appuntamento per giovedì.

7. Nell'eventualità che due squadre *(ottenere)* _____ lo stesso punteggio, verranno dichiarate vincitrici ex aequo.

8. In Italia si vive molto bene, a patto che si *(avere)* _____ molti soldi!

9. Oggi potremmo parlare di politica, ammesso che a qualcuno *(interessare)* _____.

10. Se *(voi-passare)* _____ per Roma, venite pure a trovarci!

esercizi

5 **Una giornata disastrosa**
Trasforma le frasi sottolineate in frasi ipotetiche con **se** e il congiuntivo imperfetto o trapassato, come nell'esempio.

Ieri è stata una giornata disastrosa, per fortuna è finita! La sera prima non riuscivo a prendere sonno perché avevo il naso chiuso. Soffro di allergia e quindi mi viene spesso il raffreddore da fieno. Alla fine mi sono addormentato solo alle quattro del mattino! Avevo messo la sveglia alle otto perché avevo lezione alle nove e mezza: avevo probabilmente sbagliato a regolarla, perché non ha suonato! Mi sono svegliato di colpo alle otto e quaranta dicendo: "Cavolo! È tardi!". Sono corso in cucina, e cosa ho scoperto? Avevo dimenticato di ricomprare il caffè e così mi sono fatto un tè al limone... Bleah! Mi sono trascinato sotto la doccia, ho aperto il rubinetto e... non c'era acqua calda e mi sono dovuto fare una doccia gelata. Mi sono vestito in fretta e furia, ho preparato il materiale per la lezione, sono corso giù per le scale fino al garage dove ho preso la mia bici: le nove e dieci, con un po' di fortuna potevo ancora farcela. Ma dopo due pedalate, cosa è successo? La catena della bici era uscita, così

Se non avessi avuto il naso chiuso, sarei riuscito a prendere sonno.
_____
_____
_____
_____
_____
_____
_____
_____
_____
_____
_____
_____
_____
_____
_____
_____
_____
_____
_____
_____
_____

Il periodo ipotetico

mi sono fermato per rimetterla a posto. Altri cinque minuti persi. Alla fine sono arrivato a scuola con dieci minuti di ritardo ed ero sudato come un cavallo perché avevo fatto una corsa. Sono entrato in classe, scusandomi con i miei studenti, per il ritardo loro mi hanno guardato... e sono scoppiati a ridere. Sghignazzando, uno di loro mi ha fatto capire quello che era successo: dopo avere rimesso a posto la catena, mi ero toccato con le mani ancora piene di grasso e così mi ero sporcato tutta la faccia! La lezione, almeno quella, per fortuna è andata bene. Nel pomeriggio, tornando verso casa, mi sono fermato a fare la spesa, sono tornato a casa, ho iniziato a mettere a posto le cose e mi sono accorto che avevo dimenticato il caffè: non potevo iniziare un'altra giornata con il tè al limone, quindi sono sceso al negozietto all'angolo a comprarne un pacchetto. Il negozietto era ancora aperto, ma io ero chiuso fuori casa!!! Nella fretta non avevo portato con me le chiavi. Ho citofonato alla vicina, che per fortuna ha sempre una copia delle chiavi, e mi sono fatto aprire. Mi sono gettato distrutto sul divano ed ho pensato che in certi giorni è meglio se si rimane a letto.

esercizi

6 **Tra rimorsi e rimpianti**
Completa i testi le forme verbali opportune.

a. - Se alla festa di ieri non *(io-mangiare)* _____ tutti quei dolci, ora non *(io-sentirsi)* _____ così in colpa!
- Se *(io-potuto)* _____, *(io-sposarsi)* _____ tanti anni fa!
- Se stanotte *(io-dormire)* _____ di più, ora non *(io-essere)* _____ così stanca!

b. - Mi manca tanto l'Italia! Se *(io-potere)* _____, *(io-rimanere)* _____ senz'altro a vivere lì!
- Ho sbagliato tutto! Se all'università *(io-studiare)* _____ giurisprudenza, *(io-trovare)* _____ lavoro più facilmente!
- Se *(io-conoscere)* _____ Marylin Monroe, *(io-innamorarsi)* _____ follemente di lei!

c. - Se stasera mi *(chiedere)* _____ di sposarlo, *(io-accettare)* _____ immediatamente!
- Se *(io-cucinare)* _____ meglio, il mio fidanzato *(essere)* _____ molto più contento!
- Che peccato! Se ieri *(io-comprare)* _____ quel vestitino a fiori, stasera lo *(io-mettere)* _____ e *(io-essere)* _____ bellissima!

d. - Guarda che rughe! Se *(io-guadagnare)* _____ più soldi, *(io-farsi)* _____ un lifting!
- Se *(io-avere)* _____ la lampada di Aladino, *(io-chiedere)* _____ una villa a Zanzibar!
- Se la settimana prossima Roberto mi *(dare)* _____ le ferie, *(io-partire)* _____ subito per le vacanze!

7 E se... tutti pagassero le tasse
Completa il testo con le forme verbali opportune.

Focus.it

SCIENZA AMBIENTE TECNOLOGIA CULTURA COMPORTAMENTO FOTO VIDEO QUIZ

E se... tutti pagassero le tasse

Calcolare a quanto ammonti il totale delle imposte evase ogni anno è una delle sfide più difficili che impegna, da sempre, gli esperti di economia. Secondo le stime più recenti, in Italia mancano all'appello tasse per 180 miliardi di euro l'anno, pari a circa il 44% del totale delle entrate.[...]

Se però un benefico virus dell'onestà *(colpire)* _____ improvvisamente gli italiani e tutti *(pagare)* _____ le tasse, lo Stato *(potere)* _____ scegliere di girarne i vantaggi ai cittadini onesti, quelli che pagano già, riducendo la pressione fiscale che attualmente ha raggiunto il 52% del prodotto interno lordo. [...]

Nel caso in cui chi ci governa, invece di abbassare le imposte, *(decidere)* _____ di incassare il maggior gettito per aumentare le spese pubbliche, allora *(esserci)* _____, per esempio, le risorse per finanziare gli interventi nelle zone terremotate. [...] Si *(potere)* _____ realizzare o completare (per altro senza ricorrere a finanziamenti privati) le grandi opere (come autostrade, ospedali, scuole, ecc.). [...] Basterebbero "appena" 25 miliardi per portare a compimento le più importanti.

Anche la scuola ne *(trarre)* _____ benefici se, come per magia, *(materializzarsi)* _____ le tasse "mancanti": per esempio, se si *(investire)* _____ 8 miliardi, si *(potere)* _____ mettere a disposizione un computer per ogni studente e aumentare la diffusione delle lavagne digitali interattive. Insomma, digitalizzare davvero la scuola. [...]

Infine, l'opzione "a pioggia": *(noi-potere)* _____ dividere i 180 miliardi tra tutti i connazionali (60 milioni). Farebbero 2.980 euro a testa: forse non cambiano la vita, ma una bella vacanza ogni anno ci *(scappare)* _____ di sicuro.

tratto da *Focus Extra*, n.60, pag.44

Per saperne di più...

Nel **periodo ipotetico misto** si trovano sia l'indicativo che il congiuntivo.
Nelle combinazioni più frequenti, usate spesso in un registro non formale, si trovano l'**indicativo imperfetto** nella condizione e il **condizionale passato** nella conseguenza, oppure il **congiuntivo trapassato** nella condizione e l'**indicativo imperfetto** nella conseguenza.

*Purtroppo Adriano è un po' pelato: se **aveva** più capelli, forse **sarebbe diventato** una rock star.*

*Se **avessi saputo** prima che questa festa era un mortorio, me ne **restavo** a casa!*

In certi casi, nella condizione con il congiuntivo imperfetto o trapassato, la **congiunzione ipotetica** può essere **omessa**. In questi casi il verbo al congiuntivo è posto all'inizio della frase.

***Avessi avuto** tempo, avrei imparato bene tante lingue.*

Per introdurre un **paragone ipotetico** possono essere usati *come (se)* o *quasi (che)* normalmente seguiti dal congiuntivo imperfetto o trapassato.

*Mi ricordo di quel viaggio **come se fosse** ieri.*

*Si gettò a capofitto nell'impresa **quasi avesse** ancora vent'anni.*

Attenzione al significato di *anche se*. Con l'**indicativo** ha un valore concessivo, con il **congiuntivo** forma la condizione di un periodo ipotetico: in questo caso si riferisce ad un "caso limite" con un valore concessivo vicino a quello di *perfino se*.

***Anche se ha lavorato** per tutta la vita, Helena si ritrova senza pensione.*

***Anche se avessi** i soldi, non mi comprerei mai una macchina così grande.*

Il periodo ipotetico 9

9.n

La condizione può anche assumere una forma **implicita**. Si possono usare:

- *a* + **infinito**

A guardarla bene, Sonia non è niente male. (Forma esplicita → *Se la si guarda bene, Sonia non è niente male.*)

- il **gerundio presente** o **passato**

Mangiando meno e meglio, Daniela si manterrebbe in forma con meno fatica. (Forma esplicita → *Se mangiasse meno e meglio, Daniela si manterrebbe in forma con meno fatica.*)

Avendo studiato di più, sicuramente avrei passato l'esame. (Forma esplicita → *Se avessi studiato di più, sicuramente avrei passato l'esame.*)

- il **participio passato**

*Fai attenzione! Una brutta influenza, **non curata** bene, può essere pericolosa.* (Forma esplicita → *Fai attenzione! Una brutta influenza, se non la si cura bene, può essere pericolosa.*)

10 Il congiuntivo indipendente

Il congiuntivo è usato prevalentemente in frasi **secondarie**, ci sono però alcuni tipi di frasi **indipendenti** con il **congiuntivo**.

10.a

Il congiuntivo **presente** o **imperfetto** può essere usato in frasi indipendenti per esprimere un **ordine** o una **sollecitazione**.

Se ci si rivolge **direttamente a una persona** si può però usare solo il **congiuntivo presente**: da solo o preceduto da *che* è infatti usato come **imperativo** di **terza persona singolare** (quindi anche come **forma di cortesia**) e **terza persona plurale**.

Daniela **prenda** *le sue decisioni!*

Venisse *a dirmele di persona certe cose! È che non ha il coraggio!*

Si sieda, *ingegnere, e* **si versi** *qualcosa da bere.*

Entrino *tutti i passeggeri la cui carta d'imbarco finisce con un numero dispari.*

10.b

Il congiuntivo indipendente si trova anche in alcune **espressioni fisse**, come *Si pensi che…, Basti pensare che…, Si aggiunga che…, Mi sia permesso / consentito…, Mi consenta!, Voglia / Volesse il cielo che…*

Si pensi che ogni giorno 6000 bambini muoiono per malattie causate da acqua inquinata.

Mi consenta, *dottor Bialetti! La sua posizione è indifendibile!*

10.c

Il congiuntivo può essere usato per esprimere un **desiderio**:
- se il desiderio è nel presente o nel futuro si usa in genere il congiuntivo **imperfetto**

- se il desiderio si riferisce al passato ed è ormai irrealizzabile, si usa il congiuntivo **trapassato**.

Il congiuntivo di desiderio può essere preceduto da *magari* o *almeno* (seguiti da congiuntivo imperfetto o trapassato).

Fosse *qui con me!*
(= Vorrei che fosse qui con me.)

Ci **avessi capito** *qualcosa in questo libro!* (= Vorrei averci capito qualcosa in questo libro.)

Magari **fosse** *vero!*

Almeno **avesse imparato** *qualcosa dai suoi errori!*

10.d

Quando il congiuntivo è preceduto da *se* (o nel caso il *se* sia implicito), ci troviamo di fronte a un'**ipotesi interrotta**. In un'ipotesi interrotta viene formulata solo la **condizione**, perché la **conseguenza** si può capire dal **contesto**.

*(Se) **Avessi** trent'anni di meno!*
(Implicito: non avrei questo mal di schiena, potrei andare a ballare tutte le sere, avrei tanti capelli, ecc.)

*(Se) **Avessi accettato** la sua proposta!*
(Implicito: ora non mi troverei senza un lavoro, sarei ancora in Italia, ecc.)

10.e

Il congiuntivo, preceduto da *che*, può essere usato in una **domanda diretta** (conclusa cioè da un **punto interrogativo**) per esprimere un **dubbio**.

*Adriano non è venuto al lavoro. **Che sia** malato?*

*Non capivo questo ritardo. **Che** gli **fosse successo** qualcosa?*

Senza il *che* si può usare con un significato di dubbio solo il congiuntivo **imperfetto** o **trapassato**.

***Fosse** un grande artista? Magari noi non l'abbiamo mai capito!*

***Avessi sbagliato** strada? Non capisco dove siamo!*

10.f

Il congiuntivo **imperfetto** o **trapassato**, da solo o preceduto da *se*, si trova anche usato in frasi **esclamative**. In questo caso esprime una forte emozione, come **sorpresa**, **ammirazione**, **rabbia**, **critica**.

*Se **vedessi** come dorme Tommaso durante le lezioni!*

***Sentissi** come canta bene Roberto!*

*Mi **avvertissero** mai quando ritardano!*

*Che tirchio Adriano! **Avesse** mai **pagato** un caffè!*

esercizi

1 Che la pace sia con voi!
Unisci gli elementi delle due colonne e completa le frasi con il congiuntivo presente.

1. In chiesa.
2. Guardando Tommaso e Adriano che si divertono come matti giocando ai video games.
3. Durante una rumorosa riunione di condominio.
4. Dallo psicologo.
5. Notando l'inusuale ritardo di Tommaso.

a. Che i signori *(fare)* _____ un po' di silenzio!
b. Che la pace *(essere)* _____ con voi!
c. Prego, *(sdraiarsi)* _____ sul lettino!
d. *(Smetterla)* _____ di fare i bambini!
e. Che *(stare)* _____ ancora in ufficio?

1 - ___ 2 - ___ 3 - ___ 4 - ___ 5 - ___

2 Volesse il cielo!
Unisci gli elementi delle due colonne e completa le frasi con il congiuntivo imperfetto.

1. A Roma, durante un'assolata giornata d'agosto.
2. Parlando di Arianna, ragazza impulsiva e litigiosa.
3. Una fervente cattolica, augurandosi la fine di un problema.
4. Rifiutando una proposta per un viaggio ai Caraibi.
5. Lamentandosi del marito pigro e maschilista.

a. Ci *(lei-pensare)* _____ bene prima di attaccare briga con me!
b. *(Tu-sapere)* _____ che caldo!
c. *(Pulire)* _____ mai il bagno o la cucina!
d. Magari *(io-avere)* _____ i soldi!
e. *(Volere)* _____ il cielo!

1 - ___ 2 - ___ 3 - ___ 4 - ___ 5 - ___

Il congiuntivo indipendente

3 Che resti tra noi!
Scegli l'opzione corretta.

> Ma... che funzione **abbia / ha / avesse** questo esercizio?

> Boh! Che **serva / serve / servisse** a praticare il congiuntivo indipendente?!?

4 Fossi un po' più giovane!
Completa le frasi con i verbi al congiuntivo presente, imperfetto o trapassato. A volte è possibile più di una soluzione.

1. Siamo tutti pronti: che lo spettacolo *(iniziare)* _____!

2. Matilde non fa altro che lamentarsi perché, secondo lei, gli esami sono troppo difficili. *(Lei-stare)* _____ un po' zitta e *(lei-studiare)* _____ di più!

3. Buongiorno signora! *(Entrare)* _____ pure, *(accomodarsi)* _____ nella sala d'attesa e *(aspettare)* _____ il suo turno. Il dottore arriverà presto.

4. Non ho nessuna intenzione di entrare nella discussione tra Sonia e Daniela. Che *(loro-risolvere)* _____ i loro problemi da sole!

5. Quel tizio non vuole più ridarmi i soldi che gli avevo prestato. Li *(lui-tenere)* _____ pure e li *(lui-spendere)* _____ in medicine!

6. Oh mamma mia! Cos'è questo casino?! Che tutto *(essere)* _____ lindo e pinto prima che arrivi Helena, o saranno guai!

7. Roberto, la vita con te è stata un disastro! *(Io-sposare)* _____ Ugo! Ora sarei ricca e felice!!!

8. Mi piacerebbe molto insegnare nella scuola pubblica. *(Io-passare)* _____ il prossimo concorso!

9. I nostri politici non fanno altro che dire cose stupide e imbarazzanti. Almeno *(loro-stare)* _____ zitti!

10. È molto strano che Tommaso ancora non sia arrivato. So che ha avuto qualche problema con la macchina, ultimamente. *(Rompersi)* _____ di nuovo?

esercizi

5 **Magari!**
Coniuga i verbi al congiuntivo imperfetto o trapassato.

Marcello Mastroianni
(Fontana Liri 1924 – Parigi 1996)

1. Che grande attore! Magari lo *(io-conoscere)* _____!

Monica Bellucci
(Città di Castello 1964)

2. Bellissima! *(Lei-avere)* _____ _____ almeno un difetto!

Margherita Hack
(Firenze 1922 – Trieste 2013)

3. Che donna! *(Lei-vincere)* _____ il premio Nobel per la fisica!

Dante Alighieri
(Firenze 1265 - Ravenna 1321)

4. Che genio! *(Lui-riuscire)* _____ a sposare la sua Beatrice!

Samantha Cristoforetti
(Milano 1977)

5. Un'astronauta! *(Noi-potere)* _____ partire con lei!

Gino Strada
(Sesto San Giovanni 1948)

6. Un vero filantropo! Gli *(loro-dare)* _____ maggior ascolto!

Il congiuntivo indipendente

6. Sapessi che bell'esercizio!
Completa le frasi con il congiuntivo. Poi scegli la funzione della frase indipendente, come nell'esempio.

1. Davvero non sai niente di quello che è successo ieri? Se *(tu-sapere)* __sapessi__! Arianna ha picchiato Tommaso!
   - ○ rabbia
   - ✗ ipotesi

2. Sofia cresce velocemente, ormai ha 7 anni. *(Voi-vedere)* _____ com'è bella!
   - ○ ordine
   - ○ ammirazione

3. Ho sprecato vent'anni della mia vita con te! Ah, l'*(io-capire)* _____ prima!!!
   - ○ desiderio
   - ○ rabbia

4. Adriano ancora non ha risposto al mio messaggio. Che *(lui-dimenticare)* _____ di nuovo il telefono a casa?
   - ○ dubbio
   - ○ ammirazione

5. Ti odio! Non t'*(io-incontrare)* _____ mai _____!
   - ○ rabbia
   - ○ ordine

6. Signore, La prego, *(calmarsi)* _____ e *(stare)* _____ tranquillo! Nessuno qui ha intenzione di rubarle il bastone!
   - ○ critica
   - ○ ordine

7. Matilde è una maleducata. *(Lei-salutare)* _____ mai quando arriva!
   - ○ desiderio
   - ○ critica

8. Non ho proprio voglia di mettere in ordine casa, oggi. *(Io-avere)* _____ la bacchetta magica!
   - ○ sorpresa
   - ○ desiderio

9. Sonia non ti sembra un po' strana ultimamente? *(Lei-essere)* _____ incinta!
   - ○ rabbia
   - ○ dubbio

10. Ultimamente Daniela spende un sacco di soldi per cose inutili. *(Lei-vincere)* _____ alla lotteria?
    - ○ ammirazione
    - ○ dubbio

esercizi

7 **Telefono amico!**
Scegli la forma corretta.

■ Telefono amico del congiuntivo. **Parla / Parli** Tommaso. Come posso aiutarLa?

● Buongiorno, dottor Tommaso! Sono Adelina. Qualche giorno fa ho acquistato un libro sul congiuntivo, ma non so come usarlo! **Avrei / Avessi** bisogno di una guida.

■ Prima di tutto, signora Adelina, **dimmi / mi dica** se il libro che ha acquistato è in versione cartacea o se è un ebook.

● Ebook?!?! **Fossi / Sono** matta!

■ Bene, signora Adelina. Allora prima di tutto lo **aprisse / apra** e ne **annusasse / annusi** il profumo. **Prenda / Prendi** confidenza con l'oggetto, è importantissimo!

● Devo annusare il libro?!? Prendere confidenza con l'oggetto?!?! Se lo dice Lei, dottor Tommaso, lo farò! E che il cielo mi **aiuta / aiuti**!

■ Bene. A questo punto **iniziasse / inizi** a memorizzare le forme e i tempi.

● Oh mamma mia! Sa, dottor Tommaso, non sono più una ragazzina e forse la memoria **comincia / cominci** a fare brutti scherzi. **Avessi / Abbia** vent'anni di meno!

■ **Non si preoccupa / Non si preoccupi**, signora Adelina! Sono sicuro che farà un ottimo lavoro. Quando avrà memorizzato le forme, **si concentri / si concentra** sulla concordanza dei tempi.

● Credo di poterlo fare. Che **riesca / riuscissi** ad impararlo una volta per tutte? E poi, come **procedo / proceda**?

■ A questo punto ha già fatto la maggior parte del lavoro! Ora non **deve / debba** avere fretta. **Assaggi / Assaggia** il congiuntivo, lo **mastica / mastichi** lentamente, lo **assapori / assapora** con calma: **c'è / ci sia** bisogno di tempo per digerirlo!

● Ma, dottor Tommaso, si **stava / stesse** confondendo con un piatto di gnocchi?!?

Il congiuntivo indipendente 10

■ Ma no, signora Adelina, era solo una metafora! E ricordi sempre che in molti, moltissimi casi, l'uso del congiuntivo è facoltativo, **dipende / dipenda** solo da Lei!

● Facoltativo, dottor Tommaso?!? Ma allora mi **facesse / faccia** capire una cosa: posso anche decidere di non usarlo?

■ Sì, signora Adelina, proprio così! Tuttavia usare correttamente il congiuntivo anche quando è facoltativo **denota / denoti** un'ampia cultura, **è / sia** indice di un linguaggio elegante e controllato. E **aggiunga / aggiunge** che le sue amiche **moriranno / muoiano** di invidia!

● Ha ragione, dottor Tommaso, è proprio così! Il nostro parroco, che **è / sia** una persona colta e intelligente, usa il congiuntivo in continuazione. **Sentisse / Senta** come predica bene!

■ Ne sono certo! Signora Adelina, spero di esserLe stato d'aiuto. Non **esiti / esita** a chiamarci per qualsiasi altro dubbio e grazie per la telefonata!

● Grazie mille, dottor Tommaso!

8 **Che sia veramente finita?!?**
Scegli l'opzione corretta.

Finito! Ora controlliamo le soluzioni. Le **abbia / hai / avresti** trovate?

No. **Siano / Fossero / Sarebbero** alla fine del libro?

Se **avessi / abbia / avevi** controllato prima!

Se tutti **erano / fossero / siano** organizzati come te!

E per finire...

1) Mentire e far finta, di Umberto Eco
Completa il testo con i verbi.

Mentire e far finta

Un romanzo è un caso di menzogna? A prima vista dire che don Abbondio ha incontrato due bravi nei pressi di Lecco sarebbe una bugia perché Manzoni *(sapere)* _____ benissimo di raccontare una cosa che si era inventato. Ma Manzoni non intendeva mentire: "faceva finta" che quello che raccontava *(accadere)* _____ davvero e ci chiedeva di partecipare alla sua finzione, proprio come accettiamo che un bambino, che impugna un bastone, *(fare)* _____ finta che *(essere)* _____ una spada.
Naturalmente la finzione narrativa richiede che *(venire)* _____ emessi segnali di finzionalità che vanno dalla parola "romanzo" sulla copertina, a inizi come *C'era una volta*. Ma spesso incomincia con un falso segnale di veridicità. […]

Così accade che i lettori *(prendere)* _____ sul serio i romanzi come se *(loro-parlare)* _____ di cose realmente accadute e che *(attribuire)* _____ all'autore le opinioni dei personaggi. E vi assicuro, come autore di romanzi, che al di là, diciamo, delle 10 mila copie, si *(passare)* _____ dal pubblico abituato alla finzione narrativa al pubblico selvaggio per cui il romanzo viene letto come sequenza di affermazioni vere, così come al teatro dei pupi gli spettatori insultavano il fellone Gano di Maganza.

Mi ricordo che nel mio romanzo "Il pendolo di Foucault" il personaggio Diotallevi, per burlarsi dell'amico Belbo che *(usare)* _____ ossessivamente il computer, gli dice a pagina 45 "la Macchina esiste, certo, ma non è stata prodotta nella tua valle del silicone". Un collega che *(insegnare)* _____ materie scientifiche mi aveva sarcasticamente osservato che la Silicon Valley si traduce Valle del Silicio.

Gli avevo detto che *(io-sapere)* _____ benissimo che i computer si fanno col silicio (in inglese "silicon"), tanto è vero che se *(lui-andare)* _____ a vedere la pagina 275 avrebbe letto che, quando il signor Garamond *(dire)* _____ a Belbo di mettere nella "Storia dei metalli" anche il computer perché fatto col silicio, Belbo gli risponde: "Ma il silicio non è un metallo, è un metalloide". E gli ho detto che a pagina 45 anzitutto non parlavo io bensì Diotallevi, che *(lui-avere)* _____ pur diritto di non sapere né le scienze né l'inglese, ma che in secondo luogo era chiaro che Diotallevi si *(stare)* _____ burlando delle cattive traduzioni dall'inglese, come chi *(parlare)* _____ di un "hot dog" come di un cane caldo. Il mio collega (che diffidava degli umanisti) ha sorriso con scetticismo, ritenendo che la mia spiegazione *(essere)* _____ un povero rappezzo.

Ecco il caso di un lettore che, sebbene istruito, anzitutto non *(sapere)* _____ leggere un romanzo come un tutto, collegando le sue varie parti, in secondo luogo *(essere)* _____ impermeabile all'ironia, e infine non *(distinguere)* _____ tra opinioni dell'autore e opinione dei personaggi. A un non-umanista del genere il concetto di "fare finta" era ignoto.

da *L'Espresso*, 8 luglio 2011

2. Ungaretti riflette sulla poesia…
Completa il testo con i verbi.

"Non so se la poesia *(potere)* _____ definirsi. Credo e professo che *(essere)* _____ indefinibile e che essa *(manifestarsi)* _____ nei momenti della nostra parola quando ciò che ci è più caro, ciò che di più ci ha inquietato e agitato nei nostri sentimenti e nei nostri pensieri, ciò che *(appartenere)* _____ più profondamente alla ragione stessa della nostra vita, ci *(apparire)* _____ nella sua verità più umana; ma in una vibrazione che *(sembrare)* _____ superare la forza dell'uomo, e che non saprebbe mai essere conquista né di tradizioni né dello studio sebbene delle une e dell'altro essa incessantemente *(nutrirsi)* _____.

La poesia è dunque un dono come essa *(essere)* _____ comunemente considerata, o meglio essa è il frutto di un momento di grazia al quale però una sollecitazione paziente, disperata, è necessaria, specie nelle lingue di vecchia cultura. I modi della poesia sono dunque infiniti, sono tanti quanti sono i poeti del passato, d'oggi e del futuro."

da un'intervista radiofonica del 1950

3 Lavoro, due generazioni a confronto.
Completa il testo con i verbi.

PANORAMA

Oramai mio padre si è abituato – o forse *(essere)* _____ meglio dire rassegnato – alle mie bizzarre idee per il futuro. Lui continua a sostenere che la cosa migliore che *(esserci)* _____ è il posto fisso, io non ne sono così convinto e penso che in certe situazioni *(esserci)* _____ anche altre cose da valutare. Comunque sia, è tutta una questione soggettiva, ma forse anche un po' generazionale.

Ho letto una ricerca realizzata da Gi Group in collaborazione con OD&M Consulting dal titolo *"I giovani italiani e la visione disincantata del mondo del lavoro"* che *(mettere)* _____ a confronto le prospettive e le aspettative sul mondo del lavoro dei giovani (15-29 anni) con quelle degli adulti (40-64 anni) e delle imprese.

Il primo dato che *(io-trovare)* _____ interessante va a confermare, per certi versi, la dinamica *Me / Mio Padre:* 1 giovane su 6, se *(potere)* _____ scegliere, avvierebbe un'attività in proprio, contrariamente al 25% dei genitori che vorrebbe impiegato il proprio figlio in una multinazionale.

Notizie positive arrivano dal fronte della ricerca dell'impiego: nonostante la difficoltà a trovare lavoro, i giovani non *(mollare)* _____ e *(continuare)* _____ a sondare diverse strade considerando la perseveranza l'elemento fondamentale.

Un altro dato in controtendenza rispetto a quanto si *(sentire)* _____ sbandierare a destra e a manca è sulla considerazione del lavoro manuale da parte dei giovani: sembra infatti che le nuove generazioni *(essere)* _____ più propense ad accettarne uno rispetto ai genitori, se pure in condizioni di alta professionalità, stipendio adeguato o temporaneamente.

Per quanto riguarda invece il rapporto tra lavoro e realizzazione personale ci sono voci contrastanti: per il 42% dei giovani il lavoro è considerato un elemento strumentale che *(rappresentare)* _____ la possibilità di portare a casa uno stipendio. In controtendenza però le donne, i laureati, i lavoratori autonomi e con contratto flessibile, che *(mettere)* _____ al primo posto la realizzazione personale.

da *Panorama*, 24 luglio 2012

4 Vogliamo un'Italia senza barriere architettoniche
Completa il testo con i verbi.

Viene definita barriera architettonica qualunque elemento fisico o senso-percettivo che *(impedire)* _____, *(limitare)* _____ o *(rendere)* _____ difficoltosi gli spostamenti o la fruizione di servizi, soprattutto per le persone con limitata capacità motoria o sensoriale.

Una scala, un sopralzo, un attraversamento, un marciapiede, una porta. Sono moltissimi gli ostacoli che *(potere)* _____ rendere impossibile o estremamente difficoltosi l'accesso ad edifici e la mobilità di disabili, anziani, bambini, genitori e nonni con il passeggino, donne in dolce attesa.

Esiste vasta legislazione in materia, esistono già norme e strumenti di pianificazione per abbattere tutte le barriere esistenti e in quasi tutte le Regioni è obbligatoria la destinazione di una quota degli oneri di urbanizzazione che i comuni *(incassare)* _____ per rimuovere le stesse barriere.

Però, purtroppo, le priorità in Italia sono sempre altre e la minoranza di persone che *(patire)* _____ la propria condizione di svantaggio, permanente o temporaneo, si vede sempre sorpassata nel

E per finire...

riconoscimento del proprio diritto da esigenze definite superiori (da altri).
E pensare che se l'intero paese *(affrontare)* _____ questo problema "di petto", stanziando le risorse necessarie e sbloccando molti dei limiti che impediscono ai comuni di realizzare piccole opere sul territorio, ne *(trarre)* _____ beneficio l'intero comparto dell'edilizia oggi in crisi. Ma occorre una cosciente volontà politica. Quella che porta a scegliere di realizzare l'adeguamento dell'ingresso di una scuola al posto dell'ennesima rotonda con monumento arboreo o scultoreo vicino al centro commerciale. Una volontà che nascerebbe solo se i decisori pubblici *(mettersi)* _____ letteralmente nei panni di una persona costretta su una carrozzina, di un cieco o di un anziano, e *(farsi)* _____ un conseguente esame di coscienza. Percorrendo in sedia a rotelle lo stesso tragitto casa-municipio che si *(compiere)* _____ tutte le mattine fischiettando, ci si renderebbe conto di come *(essere)* _____ difficile superare un gradino, scendere da un marciapiede, affrontare la difficoltà di una breve salita o la pericolosità di una rampa in discesa con pendenza superiore all'8%. Andando in posta con gli occhi bendati o con gli occhiali che simulano l'ipovisione si capirebbe quanto *(essere)* _____ importanti i segnali acustici, la presenza di corrimano e l'assenza di piccoli dislivelli sulla strada. È compito della Repubblica rimuovere gli ostacoli di ordine economico e sociale che, limitando di fatto la libertà e l'eguaglianza dei cittadini, *(impedire)* _____ il pieno sviluppo della persona umana e l'effettiva partecipazione di tutti i lavoratori all'organizzazione politica, economica e sociale del Paese. Quindi cosa stiamo aspettando?

da *Il Fatto Quotidiano*, 29 dicembre 2014

Appendice

Di seguito proponiamo un **elenco dei verbi e delle espressioni più comuni** che richiedono il congiuntivo e l'indicativo. La suddivisione è orientativa e alcuni verbi possono, evidentemente, rientrare in più di una categoria.

Richiedono **il congiuntivo** (o il condizionale, secondo la concordanza dei tempi):

- i verbi di **volontà, richiesta, concessione, controllo**

accertarsi	*disporre*	*permettere*
accettare	*domandare (-si)*	*preferire*
acconsentire	*escludere*	*pregare*
ammettere	*esigere*	*prescrivere*
approvare	*essere d'accordo*	*pretendere*
assicurarsi	*evitare*	*proibire*
autorizzare	*fare attenzione*	*proporre*
avere la pretesa	*fissare*	*raccomandare*
badare	*impedire*	*richiedere*
chiedere	*implorare*	*(non) risultare che*
concedere	*imporre*	*smentire*
concordare	*insistere*	*sopportare*
consentire	*intendere*	*stare attenti*
consigliare	*lasciare*	*suggerire*
contestare	*mettersi d'accordo*	*supplicare*
controllare	*negare*	*tollerare*
curare (-si)	*opporsi*	*verificare*
decidere	*ordinare*	*vietare*
desiderare	*ostacolare*	*volere*
disapprovare	*ottenere*	

- i verbi di **aspettativa, speranza** o **timore**

angosciarsi	*essere angosciato*
aspettare (-si)	*ansioso*
attendere (-si)	*impaziente*
augurare (-si)	*preoccupato*
avere fiducia	*spaventato*
la speranza	*timoroso*
l'illusione	*farsi l'illusione*
paura	*illudersi*
timore	*nutrire la speranza*
bramare	*rischiare*
correre il rischio	*sognare*
desiderare	*sperare*
	temere
	non vedere l'ora

- i verbi di **dubbio**, **ipotesi**, **fantasia**

avere il dubbio	*mancarci poco che*
dare a vedere	*mettere*
(non) dubitare	*mettere il caso che*
far conto	*porre*
far credere	*presumere*
fare finta	*presupporre*
fare l'ipotesi	*prevedere*
figurarsi	*progettare*
fingere	*sospettare*
illudersi	*supporre*
immaginare (-si)	*venire il dubbio*
ipotizzare	

Richiedono solo l'**indicativo** (o il condizionale, secondo la concordanza dei tempi) **in forma affermativa**, ma possono reggere il **congiuntivo in forma negativa**:

- i verbi di **dichiarazione**

affermare	*giurare*
assicurare	*insegnare*
asserire	*promettere*
confermare	*raccontare*
concludere	*rispondere*
dichiarare	*scrivere*
dimostrare	*sottolineare*
dire	*spiegare*

- i verbi di **percezione**

accorgersi	*ricordare*
ascoltare	*riflettere*
constatare	*sapere*
intuire	*scoprire*
notare	*sentire*
osservare	*udire*
percepire	*vedere*
rendersi conto	

Alma Edizioni ~ **il congiuntivo**

Richiedono il **congiuntivo** e l'**indicativo** (o il condizionale, secondo la concordanza dei tempi):

- i verbi di **sentimento, stato d'animo**

amare	grato	piacere
addolorare	indignato	premere
agitare	lieto	provare rabbia
accontentarsi	meravigliato	preoccuparsi
(non) andare che	orgoglioso	rallegrarsi
atterrire	preoccupato	rattristarsi
avere piacere	riconoscente	rimpiangere
vergogna	sbalordito	rimproverare
compiacersi	soddisfatto	rincrescere
congratularsi	sorpreso	ringraziare
dare fastidio	spiacente	scusarsi
deplorare	stupito	seccare
disperarsi	fare rabbia	sgomentare
dispiacere (-si)	fare pena	soffrire
dolere (-si)	fare piacere	sopportare
esasperare	godere	sorprendere (-si)
essere annoiato	importare	spaventare
arrabbiato	infischiarsi	spiacere
consapevole	irritare (-si)	stupire (-si)
contento	interessare (-si)	turbare
contrariato	lagnarsi	umiliare
desolato	lamentare (-si)	vergognarsi
dispiaciuto	meravigliarsi	
dolente	odiare	
felice	offendersi	

Di seguito proponiamo un elenco dei **principali aggettivi ed espressioni** dopo cui generalmente il **congiuntivo è obbligatorio**:

- aggettivi o espressioni impersonali indicanti **possibilità** o **impossibilità**

(non) essere escluso	(non) può darsi che
impossibile	(non) può essere che
improbabile	
pensabile	
possibile	
probabile	

- aggettivi avverbi o espressioni con **valore valutativo o affettivo**, o di **soggettività** o di **incertezza**

(non) essere assurdo	impensabile	normale
banale	importante	obbligatorio
bello	incredibile	peggio
bene	incomprensibile	piacevole
brutto	inconcepibile	prevedibile
comprensibile	indigesto	prudente
credibile	inevitabile	significativo
curioso	innaturale	sorprendente
difficile	insolito	spiacevole
dubbio	insufficiente	strano
facile	lecito	straordinario
falso	logico	triste
fatale	male	vergognoso
futile	meglio	
giusto	mostruoso	
illecito	naturale	

- aggettivi espressioni o verbi impersonali indicanti **necessità**, **utilità**, **interesse**

(non) essere conveniente		preferibile	occorrere
desiderabile		sconveniente	necessitare
doveroso		sufficiente	premere
essenziale		superfluo	servire
importante		utile	urgere
indispensabile	bastare		valere la pena
inopportuno	esser(ci) bisogno		volerci
inutile	bisognare		
necessario	convenire		
opportuno	importare		

- altre espressioni impersonali

(non) essere	il / un caso	(non) esserci	verso
	ora		modo
	tempo		

Soluzioni

1 La concordanza dei tempi

1 1. abbia; 2. parli; 3. si mangino; 4. scriviate; 5. perda; 6. vada; 7. reagisca; 8. sappiano; 9. sia; 10. ceda; 11. pulisca; 12. stiano; 13. eleggano; 14. mi spieghiate: 15. veniate

2 1. imparino; 2. porti; 3. abiti; 4. ami: 5. si abbronzi; 6. parli; 7. affermi; 8. passi; 9. perdoni; 10. insegni; 11. studino; 12. sopporti

3 1. scriva; 2. distingua; 3. rida; 4. spenda; 5. metta; 6. esiga; 7. vinca; 8. chieda; 9. si assumano; 10. prenda; 11. spenda; 12. leggano

4 1. si senta; 2. soffra; 3. offra; 4. capisca; 5. apra; 6. copra; 7. parta; 8. capiscano; 9. finisca; 10. preferisca; 11. puliscano; 12. apra

5 1. venga, dica; 2. esca; 3. sia, abbiamo; 4. possa; 5. vada; 6. voglia; 7. dia, faccia; 8. seduca; 9. stia; 10. sappia; 11. debba/deva; 12. restiate

6 1. sia già partito; 2. abbia ucciso; 3. sia; 4. abbiano litigato; 5. facciate; 6. sia; 7. abbia letto; 8. abbiate; 9. si sia fidanzata; 10. abbia; 11. debba/deva; 12. vada/sia andato

7 1. si aspettava, scrivessi; 2. soffrisse, si sentiva; 3. Pensavo, abitasse; 4. prendesse, faceva, era; 5. Immaginavo, offrisse; 6. volesse, poteva; 7. si abbronzasse, usava; 8. riuscivo, coprisse; 9. lavorava, andasse; 10. insegnasse, sapevano

8 1. si diceva, avesse ucciso; 2. Mi domandavo, fosse successo; 3. Pareva, si fosse fidanzato; 4. pensava, avessi sbagliato; 5. avesse studiato, era; 6. Speravamo, fosse finita; 7. stesse, piaceva; 8. riuscivo, avesse *già* fatto; 9. voleva, avesse partecipato; 10. era, avesse *mai* capito; 11. capivo, avessi telefonato; 12. Ci auguravamo, aveste capito

2 Verbi di volontà, dubbio, sentimento

1 1. mettiate; 2. ascolti; 3.vada/sia andato, dia/abbia dato; 4. siano; 5. ci siamo persi, ci fosse; 6. siate riusciti; 7. avesse preso; 8. abbia fatto; 9. venissi; 10. abbia visto

2 si è arrogata, si augurano, possa, abbia, ottenga, significhi, è, sia, possa, sceglie/sceglierà

3 possa, è, aumentino, preoccupa, costituisce, sono, è, aumentino, offra, basti, mettano, minacci

4 desiderano, viene, abbracciassero, si sedessero, trascorrano, racconti, arrivi, educhino, lascino, facciano, permettono, possano

5 hai chiesto, ti sia dimenticato, vuoi, conosca, aggiungere, sia, debba/deva, mangiare, andare, guarda, parlare, possa, diventare, siano, parlare, dimenticare, nasca, essere

6 1. Che il congiuntivo sia sempre obbligatorio, Daniela non lo direbbe mai; 2. Che il congiuntivo presente abbia spesso le stesse irregolarità del presente semplice, lo ricordi?; 3. Che il congiuntivo si trovi anche, in alcuni casi, dopo verbi di dichiarazione e percezione, lo possiamo affermare; 4. Che il capitolo successivo parli delle espressioni impersonali, lo avete visto?; 5. Che il congiuntivo si usi dopo un verbo di opinione, tutti lo sanno; 6. Che dopo una domanda indiretta sia possibile usare il congiuntivo, lo ha scritto Tommaso; 7. Che esistano espressioni con il congiuntivo indipendente, non lo avevo mai notato; 8. Che il congiuntivo viva e stia benissimo, lo sosterremo sempre; 9. Che le regole sul congiuntivo fossero troppe, lo avevamo già intuito; 10. Che ogni regola abbia un'eccezione, ce l'hanno sempre insegnato

7 andavano, desse, si facesse, dicesse, poteva, avesse avuto, avrebbe sentito, fosse, era successo, era, aveva distrutto, fosse passato, avesse risparmiato, fosse, squillasse, sarei venuto, abbia ricevuto, viene, trascorre, era stata, fosse, dovevo, avessi raccontato, avesse creduto, andare, debba/deva, siano

8 1/b; 2/a; 3/d; 4/c; 5/f; 6/e; 7/g; 8/h; 9/l; 10/i; 11/n; 12/m

3 Espressioni impersonali

1 è passata, si nota, faranno, legga, passi, piace, legga, trovi, impari, faccia, impari, sbagli, è

2 vada, venissi, c'è, vi incontriate, abbia, ti faccia, mostri, mi noti, si accorga, venga, me ne stia, venga, ti domandi, vengo, mi metto, ti faccia

3 1. sviluppino; 2. si avvicinino; 3. abbiano; 4. deve; 5. si abituino; 6. svolgano, fa; 7. limiti; 8. passino; 9. navighino; 10. stabilisca

4 righe 1/2: Pare che le superstizioni e le credenze popolari legate all'occulto o alla magia **siano diffuse** in tutto il mondo; righe 2/3: Non c'è dubbio che l'Italia **sia** un paese ricco di tradizioni popolari…; righe 4/5: è evidente che il nostro paese non **sia** l'unico ad averne e che ogni popolo **abbia** le sue leggende, i suoi miti e le sue scaramanzie; righe 6/: sembra che il numero 4, così come tutti i numeri che lo contengono, **sia** completamente bandito; righe 9/10: si dice che, durante un temporale, i bambini **debbano/devano** tenere lo stomaco bene al caldo; riga 12: è noto a tutti che non si **possano** uccidere i ragni; riga 13: si è sempre detto che **abbiano** il potere di estinguere gli incendi nelle case; righe 14/15: pare che indossare un cappello fatto di foglie e rametti di nocciolo **faccia** realizzare un desiderio; righe 15/16: dicono che mangiare carne di capra **faccia** crescere la barba alle donne; righe 17/18: è innegabile che molte di queste tradizioni non **abbiano** nessun fondamento scientifico; righe 19/20: Può darsi che dietro ad ogni leggenda ci **sia** un fondo di verità

5 1. abbia fatto; 2. stia; 3. sopportasse, avesse; 4. si tinge, ha; 5. voglia; 6. ha deciso; 7. si sia fatta; 8. sia

6 inizino, finiscano, si svegli, ha suonato, si accorga, manca, funziona, trovi, si metta, è, appaia, c'è, hai consegnato, squilli, dica, scende, sarebbe stato

4 Verbi di opinione

1 1. sia; 2. potesse; 3. abbia bevuto; 4. avesse rubato; 5. sia stata/fosse; 6. voglia; 7. ti fossi trasferita; 8. abbiate fatto

2 1/b; 2/f; 3/e; 4/g; 5/a; 6/c; 7/d; 8/h

3 stia, vive, ha, ci siano, muoia, vada, fosse morto, ammazzo

4 1. amasse; 2. è/sarà; 3. possono/possano; 4. si arrabbi/si arrabbia; 5. devo; 6. proponga/propone; 7. girasse; 8. studia, si gode; 9. ho fatto; 10. amino/amano; 11. appartenga; 12. seduce; 13. fa; 14. si tolgano/si tolgono

5 *Possibile soluzione:* Daniela pensa che Tommaso sia particolarmente carino, che sembri più giovane, le sembra che ultimamente si sia anche dimagrito…
Nota che si è messo una camicia nuova per andare a cena con lei, e pensa che gli stia benissimo. Suppone che forse Tommaso l'abbia invitata a cena per dirle che è interessato a lei. Pensa che la ami. Daniela ritiene che Tommaso sia un Don Giovanni e che voglia solo un'avventura e che sia il solito maschilista. (*Oppure:* Secondo Daniela Tommaso è particolarmente carino; a suo avviso sembra più giovane, ecc.). Tommaso pensa che quest'anno la Roma vada alla grande e che però anche la Lazio stia facendo un buon campionato e che debbano stare attenti. Tommaso pensa che in quel ristorante facciano gli gnocchi al gorgonzola più buoni del mondo! Tommaso crede che quella cameriera sia uno schianto! Tommaso nota che Daniela ha un'aria strana e suppone che lei abbia fame. Tommaso pensa che sia il caso di farle un complimento. (*Oppure:* Secondo Tommaso quest'anno la Roma va alla grande; a suo avviso anche la Lazio sta facendo un buon campionato, ecc.).

6 a/1: Pensai che non dovevo (dovessi)…; a/2: Non mi colpirono tanto le sue fattezze ma il pensiero che anch'essa era (fosse) una donna come l'altra…; b/1: E infatti rimaneva convinto che la folla di pastorelli si era mossa (si fosse mossa) per conquistare…; b/2: fargli credere che questa bellissima conquista era già stata fatta (fosse già stata fatta)…

7 indossi, porta, appare, sia, abbiano, si renda, gesticolino, gesticola, parla, porta, usa, si comporta, sia, parli

5 Frasi interrogative indirette

1 1. Daniela ha chiesto a Tommaso se avesse scelto il titolo per il suo libro; 2. Tommaso ha domandato ad Arianna se pensasse di aver fatto la scelta giusta; 3. Arianna domanda ad Adriano perché non abbia studiato informatica; 4. Adriano ha chiesto a Matilde se lei potesse spiegargli i verbi pronominali; 5. Matilde domanda sempre a Sonia se, secondo lei, esistano gli alieni; 6. Sonia ha domandato ad Alessandra se credeva che lei fosse ingenua; 7. Alessandra chiede a Helena se le piaccia vivere in Italia; 8. Helena ha chiesto a Giulia se sapesse come si chiamava il primo re di Roma; 9. Giulia ha domandato ripetutamente a Roberto dove fosse stato la sera prima; 10. Roberto domandava agli studenti se fosse tutto chiaro.

2 1. Sonia continua a chiedersi se Salvatore sia davvero l'uomo della sua vita; 2. Mi domando come sia andata ieri sera la festa a casa di Helena; 3. Non so perché Giovanna si sia trasferita a Milano; 4. Questo sondaggio intende accertare quanti italiani abbiano paura di volare; 5. Daniela non ricorda dove abbia parcheggiato la macchina; 6. Non so se valga la pena che tu venga a Roma per il mio compleanno. 7. Mi è sempre stato difficile capire perché Roberto non abbia scritto la sua autobiografia; 8. Da bambino mi sono chiesto sempre chi fabbricasse le nuvole. *Forma diretta*: 1. Salvatore è davvero l'uomo della mia vita?; 2. Come è andata ieri sera la festa a casa di Helena?; 3. Perché Giovanna si è trasferita a Milano?; 4. Quanti italiani hanno paura di volare?; 5. Dove ho parcheggiato la macchina?; 6. Vale la pena che tu venga a Roma per il mio compleanno?; 7. Perché Roberto non ha scritto la sua autobiografia?; 8. Chi fabbrica le nuvole?

3 a. Giulia non riesce a capire cosa significhi questo strano geroglifico; b. Paola si chiede perché il treno non parta; c. I due turisti si domandano dove sia la fermata della metro più vicina; d. Lo studente non ricorda come funzioni la concordanza dei tempi in latino; e. Daniela non ha deciso cosa fare stasera; f. Non so come sia potuto succedere tutto questo

4 **Orizzontali**: 1. capisco; 6. congiuntivo; 7. perché; **Verticali**: 1. conoscere; 2. il; 3. vogliano; 4. tutti; 5. non. *La frase nascosta è*: Non capisco perché tutti vogliano conoscere il congiuntivo!

5 1. Cosa sta succedendo?; 2. Qual è il senso della vita?; 3. Perché il mondo deve essere così ottuso e insensibile con se stesso?; 4. Dove sono finiti i sogni dei bambini?; 5. È possibile superare quest'epoca di distruzione?; 6. Chi sono i responsabili di tutto ciò?; 7. Cosa passa nella mia testa in questo momento?

6 è successo, lavorasse/abbia lavorato, hai risposto, dire, conoscessi/conoscevo, faceva/facesse, frequentava/frequentasse, aveva/avesse, fosse successo, facessero, sapevo, potevano/potessero, abbia combinato/ha combinato, sai, avessero domandato, indagano/indaghino, ha aggredito, aveva pestato

7 sia, possano, è, possa, possa, è, possano, faccia, avesse deciso, mi occupi, continui, corri, corro, ti sei fermato, racconti
Le altre due domande indirette in cui Roberto Saviano avrebbe potuto usare il congiuntivo sono le seguenti: 1. Quel che spaventa è che qualcuno possa d'improvviso avere la possibilità di capire come vanno (vadano) le cose.; 2. Quando mi chiedono perché racconto (io racconti), rispondo semplicemente...

Iniziamo a ripassare

1 1. fosse; 2. fosse stato; 3. sarebbe stato; 4. fosse partito; 5. fosse; 6. sarebbe partito; 7. fosse; 8. sarebbero diventate; 9. avesse avuto; 10. fosse successo; 11. stessi; 12. avresti fatto/facessi

2 era, C'erano, Ero, fosse, controllasse, pensavo, avesse capito, erano, avevano governato, si fossero resi, volevano, continuassero, dessero, si sarebbe fatta, avrebbe mandati, sarebbe stato, avremmo potuto, avrebbe avuto, sarebbero state, saremmo vergognati

3 attira, allieta, ho trascorso, allieti, occorre, siano cadute, ricorre, sono, faccia, mostrino, spiegasse, si convincessero, risparmierebbe
4 influenzi, fossi diventata, accennava, possa, ricevere, sente, parlava, sia
5 ho scritto, abbia, veda, vede, caschi, finga, soccomba

6 Frasi finali e concessive

1 1/a; 2/a; 3/b; 4/b; 5/a; 6/b; 7/a; 8/a; 9/b
2 1. Voglio studiare il congiuntivo italiano non perché mi piaccia, ma perché ho un esame; 2. Helena è arrabbiata con te non perché tu abbia usato il suo computer, ma perché le hai rubato il fidanzato; 3. Ti dico questo non perché (io) sia geloso, ma perché ti voglio aiutare; 4. Roberto e Giulia sono andati in Turchia non perché Roberto volesse rilassarsi, ma perché Giulia voleva studiare l'arte bizantina; 5. Arianna si è sposata non perché fosse innamorata, ma perché non voleva diventare una zitella; 6. Adriano è diventato insegnante non perché non abbia avuto successo come scrittore, ma perché ha una passione per la didattica; 7. Matilde e Alessandra non ti hanno invitato alla festa non perché se ne siano dimenticate, ma perché gli sei antipatica; 8. Sonia è nervosa non perché debba/deva fare l'esame, ma perché è proprio così di natura; 9. Daniela ci ha risposto in quel modo non perché l'avessimo fatta arrabbiare, ma perché è matta; 10. Ho capito tutto non perché me l'abbiate spiegato bene, ma perché l'argomento è veramente facile
3 1/b, migliori; 2/f, crescano; 3/h, si sente; 4/g, si dimentichi; 5/d, arriva; 6/a, hanno; 7/c, funzionava; 8/e, capisca/capisce.
a. Ti ho regalato un abbonamento al Times per far migliorare il tuo inglese; b. Sonia e Rocco si sono trasferiti in campagna per far crescere i figli nella natura; c. Il capo del governo parla sempre di calcio per far dimenticare alla gente la crisi economica; d. Roberto ha parlato a lungo con la moglie per farle capire che è/è stato tutto un equivoco

4 1/a; 2/b; 3/b; 4/a; 5/a; 6/a
5 1. capisca; 2. smettessero; 3. veda; 4. arrivi; 5. conosciate; 6. mi perdoni; 7. soffra. a. Devo spiegarti bene cosa è successo per farti capire anche le mie ragioni; b. Il preside aveva preso quel provvedimento per far smettere a tutti gli studenti di usare il telefonino in classe; c. Domani ti porterò all'università per farti capire come si svolgono le lezioni; d. Domani il governo varerà una legge per arrivare ad una maggiore parità di diritti tra uomini e donne; e. Sonia vuole assolutamente farvi vedere questo film per farvi conoscere meglio il cinema francese; f. Sto facendo di tutto per farmi perdonare; g. Ultimamente è tornata spesso per non far soffrire Fuffi di nostalgia.
6 1/a; 2/b; 3/b; 4/a; 5/a; 6/b; 7/b; 8/b; 9/a; 10/a
7 1. a. sia dimagrita, b. fosse dimagrita; 2. a. cerchiate, b. abbiate cercato/cercaste; 3. a. avesse, b. abbia; 4. a. meritasse, b. meriti; 5. a. sia, b. fosse. 1. a. Anche se è dimagrita/Pur essendo dimagrita molto, Daniela è ancora sovrappeso. b. Anche se era dimagrita/ Pur essendo dimagrita molto, Daniela era ancora sovrappeso; 2. a. Anche se tutti voi cercate di impedirmelo, io lo farò comunque. b. Anche se tutti voi avete cercato/cercavate di impedirmelo, io l'ho fatto comunque; 3. a. Anche se Arianna aveva /Pur avendo la febbre, ieri è andata al lavoro. b. Anche se Arianna ha /Pur avendo la febbre, oggi è al lavoro; 4. a. L'anno scorso Roberto non ha dato l'aumento a Helena anche se lei lo meritava. b. L'anno prossimo Roberto non darà l'aumento a Helena anche se lei lo merita; 5. a. Lisa non si fida di Tommaso anche se lui è assolutamente fedele. b. Maria si fidava di Tommaso anche se lui era evidentemente infedele
8 1. Sebbene sia laureato; 2. Sebbene fossi arrivata; 3. Sebbene stia; 4. sebbene ci lavorino; 5. sebbene l'abbia pregata; 6. Sebbene abbia avuto; 7. sebbene non abbia mai fatto
9 impari, ha, si comprasse, provi, venga, mancano, sia stato/fosse

⑩ perché/affinché, perché, per, Pur, perché/affinché, sebbene/benché, anche se, per, sebbene/benché

7 Frasi relative

❶ Arianna cerca un'auto che non abbia i sedili in pelle, che costi al massimo €2.000, che sia verde, che abbia un chilometraggio massimo di 80.000 km. Daniela voleva un uomo che le desse sempre ragione, che fosse gentile e generoso, che sembrasse colto e intelligente ma non più di lei, che la facesse sentire sempre al sicuro, che la considerasse più importante dei suoi amici e della sua squadra del cuore, che parlasse italiano come Umberto Eco.

❷ avesse, pensa, tratta, ama

❸ 1. parla, ha, si lamenta, è/b; 2. capisca, faccia, costi/d; 3. stia, permetta, amano/c; 4. porta, va, frequenta/a

❹ a. Questa è la montagna più alta che io abbia mai scalato; b. Arianna è la donna più sexy che io abbia mai frequentato; c. Questo è l'esame più difficile che io abbia mai fatto; d. Lui è l'insegnante più pignolo che sia mai esistito; e. Questo è il gelato più buono che io abbia mai mangiato

❺ si è rivelato, presenta, ama, fa, si è rotta, abbia, aiuti, dica, lava, stira, parla, preferisce, si prenda, sia, risponde, va, passi, ami, sappia, cerca, può, sta

❻ a. abbia; b. sia; c. vogliano/volessero; d. cercano; e. studia, ama; f. possiate; g. vi troviate.

❼ voglia, debba/deva, senta, scriva, dica, cambierà, aiuterà, abbia, deve, è, possa, rappresenta, ci sia, sia, stia, faccia, vadano

❽ 1. ipnotizzasse; 2. sei; 3. possa; 4. sorprenda; 5. aveva, 6. ha; 7. succederà; 8. faccia

8 Altre frasi con il congiuntivo

❶ 1. Ieri Arianna è andata in discoteca senza che suo marito lo sapesse; 2. Helena ha accettato la decisione di Roberto senza fiatare; 3. Ho studiato tutta la notte senza imparare niente; 4. Il cane di Matilde sta mangiando tutti i miei fiori senza che lei faccia niente per fermarlo; 5. Daniela ha vagato tutto il giorno da sola per Roma senza sapere dove andare; 6. Tommaso ha telefonato alla sua amante senza sapere che la sua ragazza stesse ascoltando; 7. Gli studenti di Alessandra hanno copiato il compito d'esame senza che lei se ne accorgesse; 8. Adriano ha fatto tutto il lavoro senza che Sonia muovesse un dito per aiutarlo; 9. L'ho fatto senza volerlo; 10. Posso finire questo esercizio da solo senza che nessuno mi aiuti

❷ 1/d, sia; 2/a abbia mangiato; 3/b, giocare; 4/c, abbia; 5/e, sprecare

❸ 1. prima di; 2. finché; 3. appena; 4. a meno che; 5. prima che; 6. fa' che; 7. Quando; 8. Dopo che

❹ raggiungesse, provocasse, possedere, avevano, sarebbe stata, potesse, volesse, tenere

❺ 1. è più intelligente di quanto (non) sembri; 2. spendeva più di quanto (non) guadagnasse; 3. è più bravo a parole di quanto (non) lo sia con i fatti; 4. aveva più bisogno di libertà di quanto (non) avesse bisogno di una donna; 5. vuole più di quanto (non) dia; 6. ha studiato più di quanto (non) dovesse; 7. sapeva più di quanto (non) dicesse. 1. sembra meno intelligente di quanto (non) sia; 2. guadagnava meno di quanto (non) spendesse; 3. è meno bravo con i fatti di quanto (non) lo sia con le parole; 4. aveva meno bisogno di una donna di quanto (non) avesse bisogno della sua libertà; 5. dà meno di quanto (non) voglia; 6. doveva studiare meno di quanto (non) abbia fatto/studiato; 7. diceva meno di quanto (non) sapesse

❻ sappia, innamorarsi, potesse, poteva, avesse, si aspettasse, dice, perdersi

❼ sapessimo, avevamo, avessero, ha dovuto, è arrivato, ci aspettassimo, è uscito, si trovava, corressimo, mancava, se ne accorgesse/se ne fosse accorto, ha

9 Il periodo ipotetico

❶ 1. fossi/b. Aprirei; 2. vincessi/a. Costruirei; 3. trattasse/d. domanderei, prenderei; 4. tradisse/g. butterei, piangerei; 5. chiedesse/h.

Preparerei; 6. diventassi/f. Uscirei; 7. dovessi/e. Ricomincerei, diventerei;
8. avessi/c. Mi farei, comprerei

② 1. sapessi, direi; 2. potessi, farei;
3. facessi, succederebbero; 4. fosse, sarebbe;
5. provaste, piacerebbe; 6. interessasse, finirebbero; 7. lavorassimo, guadagneremmo;
8. prestassi, sarei; 9. volesse, potrebbe

③ 1. avesse potuto, sarebbe venuta; 2. avesse provocata, avrebbe dato; 3. avrei *mai* creduto, avessi visto; 4. avessimo avuto, avremmo fatto;
5. avesse deciso, si sarebbe trasferita; 6. sarebbe tornata, ci fosse stata; 7. avessero conosciuto, avrebbero saputo; 8. avremmo potuto, fosse stato; 9. avessimo scritto, avreste imparato

④ 1. abbiate; 2. decidi; 3. dica; 4. sono;
5. insorgano; 6. abbiate; 7. ottengano;
8. abbiano; 9. interessi; 10. passate

⑤ se non avessi avuto il naso chiuso, sarei riuscito a prendere sonno; se non soffrissi di allergia, non mi verrebbe il raffreddore da fieno; se non avessi sbagliato a regolarla, avrebbe suonato; se non avessi dimenticato di comprare il caffè, non mi sarei fatto un tè al limone; se ci fosse stata acqua calda, non mi sarei dovuto fare una doccia gelata; se avessi avuto un po' di fortuna, avrei potuto farcela; se la catena della bici non fosse uscita, non mi sarei fermato per rimetterla a posto; se non avessi fatto una corsa, non sarei stato sudato come un cavallo; se non mi fossi toccato con le mani ancora piene di grasso, non mi sarei sporcato tutta la faccia; se avessi potuto iniziare un'altra giornata con il tè al limone, non sarei sceso al negozietto all'angolo a comprarne un pacchetto; in certi giorni sarebbe meglio se si rimanesse a letto

⑥ a. avessi mangiato, mi sentirei, avessi potuto, mi sarei sposata, avessi dormito, sarei; b. avessi potuto, sarei rimasto, avessi studiato, avrei trovato, avessi conosciuto, mi sarei innamorato;
c. chiedesse, accetterei, cucinassi, sarebbe, avessi comprato, avrei messo, sarei stata; d. guadagnassi, mi farei, avessi, chiederei, desse, partirei

⑦ colpisse, pagassero, potrebbe, decidesse ci sarebbero, potrebbero, trarrebbe, si materializzassero, investissero, potrebbe, potremmo, scapperebbe

⑩ Il congiuntivo indipendente

① 1/b, sia; 2/d, La smettessero; 3/a, facciano;
4/c, si sdrai; 5/e, stia

② 1/b, Sapessi; 2/a, pensasse; 3/e, Volesse;
4/d, avessi; 5/c, Pulisse

③ ha, serva

④ 1. inizi; 2. Stia/Stesse, studi/studiasse;
3. Entri, si accomodi, aspetti;
4. risolvano/risolvessero; 5. tenga/tenesse, spenda/spendesse; 6. sia; 7. Avessi sposato;
8. Passassi; 9. stiano/stessero; 10. Si sia rotta/Si fosse rotta

⑤ 1. avessi conosciuto; 2. Avesse; 3. Avesse vinto; 4. Fosse riuscito; 5. Potessimo;
6. dessero

⑥ 1. sapessi/ipotesi; 2. Vedeste/ammirazione;
3. avessi capito/desiderio; 4. abbia dimenticato/dubbio; 5. avessi *mai* incontrato/rabbia; 6. si calmi, stia/ordine;
7. Salutasse/critica; 8. Avessi/desiderio;
9. Fosse/dubbio; 10. Avesse vinto/dubbio.

⑦ Parla, Avrei, mi dica, Fossi, apra, annusi, Prenda, aiuti, inizi, comincia, Avessi, Non si preoccupi, si concentri, riesca, procedo, deve, Assaggi, mastichi, assapori, c'è, stesse, dipende, faccia, denota, è, aggiunga, moriranno, è, Sentisse, esiti.

⑧ hai, Fossero, avessi, fossero

E per finire...

① sapeva, fosse accaduto, faccia, sia, vengano, prendano, parlassero, attribuiscano, passa, usava, insegna, sapevo, fosse andato, dice, aveva, stava, parla, fosse, sa, è, distingue

② possa, sia, si manifesti, appartiene, appaia, sembri, si nutra, è

③ sarebbe, ci sia, ci siano, mette, trovo, potesse, mollano, continuano, sente, siano, rappresenta, mettono

④ impedisca, limiti, renda, possano, incassano, patisce, affrontasse, trarrebbe, si mettessero, si facessero, compie, sia, siano, impediscono

Indice analitico

a meno che + congiuntivo	p. 108
a meno di + infinito	p. 108
a mio avviso	p. 57
a mio parere	p. 57
a quanto	p. 110
a quel che	p. 110
a tal punto... che	p. 111
accadere	p. 47
accertarsi	p. 146
accettare	p. 146
acciocché	p. 83
acconsentire	p. 146
accontentarsi	p. 148
accorgersi	p. 44, 58, 147
addolorare	p. 148
affermare	p. 43, 66, 147
affinché	p. 83
agitare	p. 148
al fine di + infinito	p. 84
almeno + congiuntivo	p. 132
amare	p. 148
ammettere	p. 146
con congiuntivo e indicativo	p. 38
anche se	
+ congiuntivo (valore ipotetico)	p. 130
+ indicativo (valore concessivo)	p. 91
ancorché	p. 91
andare che	p. 148
appena	p. 45
+ congiuntivo	p. 109
+ indicativo	p. 109
approvare	p. 146
aspettare	p. 30, 146
aspettarsi	p. 146
aspettativa, sostantivi di	p. 30
aspettativa, verbi di	p. 30
assicurare	p. 147
assicurarsi	p. 146
atterrire	p. 148
attesa	p. 30
augurare (-si)	p. 146
autorizzare	p. 146
avere	
il dubbio	p. 147
piacere	p. 148
vergogna	p. 148
fiducia	p. 146
la pretesa	p. 146
la speranza	p. 146
l'illusione	p. 146
paura	p. 30, 146
timore	p. 146
avvenire	p. 47
badare	p. 146
con congiuntivo e indicativo	p. 38
benché	p. 91
bisogna che	p. 46
bramare	p. 146
calcolare	
con congiuntivo e indicativo	p. 38
capire	
con congiuntivo e indicativo	p. 38
capitare	p. 47
causa fittizia	
non perché	p. 83
causali negative, frasi	p. 83
certezza	p. 65
certo (è) che	p. 46
che relativo	p. 98
chiedere	p. 30, 66, 146
di + infinito	p. 31
chiedersi	p. 66
chissà che	p. 45
chiunque + congiuntivo	p. 99
comandare di + infinito	p. 31
come + indicativo	p. 109
comparative, frasi	p. 110
compiacersi	p. 148
comunque + congiuntivo	p. 99
concedere	p. 146
concessive	
frasi esplicite	p. 91
implicite	p. 91
concludere	p. 147
conclusione	p. 65
concordanza dei tempi	p. 18
concordare	p. 146
confermare	p. 147
congiuntivo	
imperfetto	p. 16
passato	p. 15
presente	p. 13
trapassato	p. 17
tempi e forme	p. 13
indipendente	p. 132
esclamativo	p. 133
esortativo	p. 132
imperativo formale	p. 132
ipotesi interrotta	p. 133
congratularsi	p. 148

consapevolezza	p. 65	*è vero che*	p. 46
consecutive, frasi	p. 111	*eccetto che*	
consentire	p. 146	+ congiuntivo	p. 108
considerare		+ infinito	p. 108
con congiuntivo e indicativo	p. 38	eccettuative, frasi	p. 108
consigliare	p. 146	*esasperare*	p. 148
constatare	p. 147	*escludere*	p. 146
contestare	p. 146	esclusive, frasi	p. 108
controllare	p. 30, 146	*esigere*	p. 30, 146
controllo	p. 30	espressioni impersonali	p. 46
controllo, verbi di	p. 30	*essere*	
convinzione	p. 65	angosciato	p. 146
correre il rischio	p. 146	annoiato	p. 148
coscienza	p. 65	ansioso	p. 146
così... che	p. 111	arrabbiato	p. 148
credenza	p. 65	bello	p. 46, 149
credere	p. 66	bene	p. 55, 149
con congiuntivo e indicativo	p. 56	certo	p. 46
curare (-si)	p. 146	chiaro	p. 46
da quando + indicativo	p. 109	consapevole	p. 148
da quel che	p. 110	contento	p. 148
dare a vedere	p. 147	contrariato	p. 148
decidere	p. 146	credibile	p. 149
con congiuntivo e indicativo	p. 39	desolato	p. 148
deplorare	p. 148	difficile	p. 149
desiderare	p. 30, 146	dispiaciuto	p. 148
desidererei che		dolente	p. 148
concordanza	p. 29	facile	p. 149
solo con congiuntivo		felice	p. 148
imperfetto o trapassato	p. 43	grato	p. 148
desiderio	p. 30	illecito	p. 149
desiderio, verbi di	p. 30	impaziente	p. 146
dichiarare	p. 43, 147	importante	p. 149
dichiarazione, verbi di	p. 43	impossibile	p. 149
dicono che	p. 47	improbabile	p. 149
dimostrare	p. 147	incredibile	p. 149
dire	p. 43, 58, 66, 147	indignato	p. 148
non dire che	p. 147	innaturale	p. 149
disapprovare	p. 146	inopportuno	p. 149
dispiacere (-si)	p. 148	insolito	p. 149
disporre	p. 146	insufficiente	p. 149
dolere (-si)	p. 148	inutile	p. 149
domanda	p. 66	meglio	p. 46
domandare (-si)	p. 66	meravigliato	p. 148
dopo che		necessario	p. 148
+ congiuntivo	p. 109	noto	p. 46
+ indicativo	p. 109	ora	p. 149
dovunque + congiuntivo	p. 99	orgoglioso	p. 148
dubbio	p. 66	ovvio	p. 46
dubbio, sostantivi di	p. 30, 66	peggio	p. 110
dubbio, verbi di	p. 30, 66	pensabile	p. 149
dubitare	p. 45, 66, 147	piacevole	p. 149
è un peccato che	p. 55	possibile	p. 149
è una fortuna che	p. 55	preoccupato	p. 148

probabile	p. 149	*immaginare (-si)*	p. 30, 147
riconoscente	p. 148	*impedire*	p. 146
sbalordito	p. 148	*implorare*	p. 146
sicuro	p. 46	*imporre*	p. 146
soddisfatto	p. 148	*importare*	p. 148
sorpreso	p. 148	*impressione*	p. 65
spaventato	p. 146	*incertezza*	p. 66
spiacente	p. 148	*indagare*	p. 66
stupito	p. 148	*indovinare*	p. 66
tempo	p. 149	*informarsi*	p. 66
timoroso	p. 146	*in quanto a* + infinito	p. 111
triste	p. 149	*insegnare*	p. 147
utile	p. 148	*insistere*	p. 146
essere conveniente, sarebbe		*intendere*	p. 146
conveniente, concordanza	p. 29	*interessare (-si)*	p. 148
evitare	p. 30, 146	*interrogare*	p. 66
far conto	p. 147	*interrogarsi*	p. 66
far credere	p. 147	interrogative dirette, preposizioni	
fare		totali e parziali	p. 66
+ infinito	p. 85	interrogative indirette	
attenzione	p. 146	preposizioni	p. 66
in modo che	p. 111	con congiuntivo e indicativo	p. 67
l'ipotesi	p. 147	*intuire*	p. 147
piacere	p. 148	ipotesi	p. 118
rabbia	p. 148	*ipotizzare*	p. 66, 147
sì che + congiuntivo	p. 111	*irritare (-si)*	p. 148
farsi l'illusione	p. 146	*laddove*	p. 119
finali, frasi	p. 83	*lagnarsi*	p. 148
finché (fino al momento che)	p. 45	*lamentare (-si)*	p. 148
+ congiuntivo	p. 109	*lasciare*	p. 146
+ indicativo	p. 109	*levarsi di mente*	p. 65
fingere	p. 147	limitative, frasi	p. 110
fino al momento che	p. 45	*magari*	
fissare	p. 146	+ congiuntivo	p. 132
forse	p. 57	sinonimo di *forse*	p. 57
frase subordinata senza *che*	p. 43	*malgrado (che)*	p. 91
fuorché		*mancarci poco che*	p. 45
+ congiuntivo	p. 108	*manco a* + infinito	p. 92
+ infinito	p. 108	*meno... di quanto (non)*	p. 110
gerundio negativo	p. 108	*meno... di quel che (non)*	p. 110
giurare	p. 147	*meno... di come / quando*	p. 55
godere	p. 148	*meno male che*	p. 110
guardare	p. 66	*mentre* + indicativo	p. 109
con congiuntivo e indicativo	p. 39	*meravigliarsi*	p. 30, 148
idea	p. 65	*mettere*	p. 147
ignorare	p. 66	*mettere il caso che*	p. 147
il bello è che	p. 55	*mettersi d'accordo*	p. 146
il fatto che		*mettersi in testa / in mente*	p. 65
con congiuntivo e indicativo	p. 44	*mi sa che*	p. 57
il guaio è che	p. 55	*mica che*	p. 48
il quale / la quale	p. 98	*neanche a* + infinito	p. 92
illudersi	p. 147	*negare*	p. 46

Indice analitico

nel caso che	p. 121
nemmeno a + infinito	p. 92
neppure a + infinito	p. 92
nessuno... che + congiuntivo	p. 99
niente/nulla... che + congiuntivo	p. 99
non andare che	p. 148
non appena	
+ congiuntivo	p. 109
+ indicativo	p. 109
non c'è dubbio che	p. 46
non che	p. 48
non dire che	p. 147
non dubitare che	p. 147
non è che	p. 48
non è vero che	p. 46
non perché	
causa fittizia	p. 83
non pleonastico o fraseologico	p. 45
non sapere	p. 66
non si può dire che	p. 48
non vedere l'ora	p. 146
nonostante (che)	p. 91
notare	p. 147
nutrire la speranza	p. 146
occorre che	p. 46
opinione	p. 65
opinione, verbi di	
+ congiuntivo	p. 56
+ indicativo	p. 56
opporsi	p. 146
opportunità, verbi di	p. 43
ordinare	p. 30, 146
di + infinito	p. 31
osservare	p. 66
ostacolare	p. 146
ottenere	p. 146
ovunque + congiuntivo	p. 99
pare che	p. 48
passare per la testa	p. 65
peccato che	p. 55
pensare	p. 66
con congiuntivo e indicativo	p. 39
verbo di opinione	p. 56
pensiero	p. 65
per + infinito	
valore concessivo	p. 92
valore finale	p. 84
per far(e) + infinito, valore finale	p. 84
per fortuna che	p. 55
per quanto	p. 91, 110
per quel che	p. 110
percepire	p. 66, 147
percezione, verbi di	p. 31
perché	
causale, con l'indicativo	p. 83
finale, con il congiuntivo	p. 83
periodo ipotetico	p. 118
indicativo nella protasi	p. 118
protasi con congiuntivo imperfetto	p. 120
protasi con congiuntivo presente o passato	p. 122
protasi con congiuntivo trapassato	p. 121
protasi implicita	p. 130
permettere	p. 30, 146
di + infinito	p. 31
persuasione	p. 65
piacere	p. 148
più... di come / quando	p. 110
più... di quanto (non)	p. 110
più... di quel che (non)	p. 110
preferire	p. 146
pregare	p. 146
premere	p. 148
preoccuparsi	p. 148
prescrivere	p. 146
presumere	p. 147
presupporre	p. 147
pretendere	p. 30, 146
pretenderei che, concordanza	p. 43
prevedere	p. 147
prima che + congiuntivo	p. 109
prima di + infinito	p. 109
probabilmente	p. 57
problema	p. 66
proibire	p. 146
di + infinito	p. 31
proporre	p. 146
può darsi che	p. 148
può essere che	p. 148
pur + gerundio	p. 92
pur senza + infinito	p. 92
purché	p. 121
qualora	p. 119, 121
qualsiasi + congiuntivo	p. 99
qualunque + congiuntivo	p. 99
quand'anche	p. 91
quando	
+ congiuntivo	p. 109
+ indicativo	p. 109
questione	p. 66
raccomandare	p. 146
raccontano che	p. 47

raccontare	p. 43, 58, 66, 147	*spiacere*	p. 148
rallegrarsi	p. 148	*spiegare*	p. 66, 147
rattristarsi	p. 148	*stabilire*	
relative, frasi	p. 98	con congiuntivo e indicativo	p. 39
+ congiuntivo	p. 98	*stare attenti*	p. 146
relativi, pronomi	p. 98	*stato d'animo, sostantivi di*	p. 30
doppi, *chi, quanto*	p. 98	*stato d'animo, verbi di*	p. 30
rendersi conto	p. 66	*stupire (-si)*	p. 148
reputare		*succedere*	p. 47
+ congiuntivo	p. 56	*superlativo relativo*	p. 99
+ indicativo	p. 56	*supplicare*	p. 146
ricordare	p. 147	*supporre*	p. 147
riflettere	p. 147	*temere*	p. 30, 146
rimpiangere	p. 148	*temporali, frasi*	p. 109
rincrescere	p. 148	*timore, sostantivi di*	p. 30
rischiare	p. 146	*timore, verbi di*	p. 30
rispondere	p. 147	*togliere di mente*	p. 65
salvo che		*togliersi di mente*	p. 65
+ congiuntivo	p. 108	*tollerare*	p. 146
+ infinito	p. 108	*tranne che*	
sapere	p. 66, 147	+ congiuntivo	p. 108
scommettere	p. 66	+ infinito	p. 108
scoprire	p. 147	*turbare*	p. 148
scrivere	p. 43, 58, 147	*udire*	p. 147
se		*umiliare*	p. 148
interrogative indirette	p. 66	*uscire di mente*	p. 65
periodo ipotetico	p. 118	*valere la pena*	p. 46
sebbene	p. 91	*vedere*	p. 58, 66, 147
seccare	p. 148	*venire il dubbio*	p. 147
secondo me	p. 57	*venire in mente*	p. 65
sembra che	p. 48	*vergognarsi*	p. 148
sembrare	p. 48	*verificare*	p. 146
+ indicativo	p. 48	*vietare*	p. 146
semmai	p. 119	*di* + infinito	p. 31
sentimento, sostantivi di	p. 30	*voglia* (sostantivo)	p. 30
sentimento, verbi di	p. 30	*voglia / volesse il cielo che*	p. 132
sentire	p. 58, 66, 147	*volere*	p. 30, 146
senza + infinito	p. 108	*vorrei che*, concordanza	p. 43
senza che	p. 108	*volontà, sostantivi di*	p. 30
seppure	p. 91	*volontà, verbi di*	p. 30, 146
si dice che	p. 47		
si impersonale	p. 47		
si racconta che	p. 47		
smentire	p. 146		
soffrire	p. 148		
sognare	p. 146		
sopportare	p. 146		
sorprendere (-si)	p. 148		
sospettare	p. 147		
speranza, sostantivi di	p. 30		
speranza, verbi di	p. 30		
sperare	p. 30, 146		